人生逆転最強メソッド

書き込みワークで即体感。
やるべき「目標」が見えてくる

弁護士・YouTuber
岡野武志

KADOKAWA

はじめに

本書を手に取っていただきありがとうございます。

弁護士でＹｏｕＴｕｂｅｒの岡野武志です。今回なぜ、私が本を書こうと思ったか。それは、動画配信をしているとＤＭなどで寄せられる、「どうしたら、いまの自分を変えられますか？」「変わりたいけど、何をすればいいか分からない」といった質問に、しっかりと向き合いたいと思ったからです。

現在、私は弁護士として全国規模の弁護士法人を経営する傍らで、日本一の弁護士インフルエンサーとして日々の情報配信に取り組んでいます。しかし、弁護士になる前は、社会の日の当たらない場所で、高卒のフリーターとして10年間も生活していました。

この部分だけを見ると、もともと才能があったからでしょう、また、たまたま運が良かったからでしょう、と思う人も多いと思います。確かに、多少の才能はあったと思います。また、運や巡り合わせに助けられた部分は非常に大きいです。

ただ、より正確には、私は意識的に、自分の天性が伸びていく方向に、そして、時代や社会から後押しされる方向に舵を切ったからこそ、才能と運に助けられた、むしろ自ら積極的に「自分の才能や運に寄せていった」と言い換えることができます。

人には全員、一人ひとりの天性があり、個性があり、すなわち才能があります。人生を変えるために大切なのは、「才能」ではなく、才能を

20代前半、フリーターだったころ

見つけて伸ばすための「方法」です。

私がこれまで経験した、①高卒から弁護士に（20代）、②未経験の弁護士から全国規模の弁護士経営者に（30代）、③無名の存在から日本一の弁護士インフルエンサーに（40代）、という3つの飛躍。この裏側には、どのような「方法」があったのか。

今回は、KADOKAWAから機会を得て、その方法に「逆転メソッド」という名前を付け、一冊の本にまとめることができました。

合言葉は「世の中にはチャンスしかない」。本書が一人でも多くの方の手元に届き、一人ひとりの天性が解き放たれて豊かに伸び、あなたの夢や目標が叶いますように。

岡野武志

序章

人生はいつでも、何度でもポジションチェンジができる

「逆転メソッド」があれば、誰でもなりたい自分になれる

「自由に生きていきたい。でも、経済的に不安だ」

「毎日の仕事はつらい。でも、どうすればいいのか分からない」

「そもそも自分が何をやりたいのか分からない」

いまの自分を変えたい、現状から抜け出したいと思うことはありませんか？

大丈夫。**人生はいつからでもリセットしてやり直すことができます**。それどころか、**考え方と行動のコツをつかむだけで、ガラリと変化していきます**。

なぜ、そう言い切れるのか。それは、私自身が人生のやり直しを経験し、その後に結果を出し続けているからです。

高卒→フリーター。このままではヤバい！と感じた日

ご存じの方もいるかもしれませんが、私が法律の勉強を始めた当時の学歴は高卒。そこから資格予備校の基礎講座を受け、数年間の独学期間を経て司法試験に合格し、弁護士になりました。と、この部分だけ見ると、私がものすごく優秀で大学に行かなくても弁護士になれたように見えるかもしれませんが、それは違います。

実は私は高校を卒業してから10年もの間、ずっとフリーターをしていました。高校時代の私は進学にも就職にも興味が持てず、最低限の仕事しかせず、もっと自由に生活したいという思いしかありませんでした。また、日本にとどまらず、世界の市場を生で体感してみたいという思いもあり、単身でアメリカ東海岸に渡り、2年半ほどアルバイトをしながら暮らしていました。帰国後もバーテンダーや土木作業などのアルバイトで生計を立てるフリーター生活を満

喫、明確な目標もないまま生活費が尽きたら日払いのアルバイトのシフトを増やすという暮らしをしていました。

そんな自分がある日を境にガラリと変わりました。

東南アジアの小島で開催されていた世界的な音楽イベントに行ったときのことです。ふと周りの大人を見回すと、そこには、仕事も持たずに遊びまくり、酒に酔いつぶれ、中にはドラッグに興じて現実逃避をしている人たちが大勢いました。その状況を客観的に捉えた瞬間、「いまの生活を続けていたのでは、いずれ自分もこうなる。これは自分が求める姿ではない！」と強く感じたのです。

第1の「逆転」——弁護士を目指す

当時、私は22～3歳。同級生はすでに就職していました。もともと就職には興味がなかった私ですが、一方で社会の中に埋もれるつもりもありませんでした。「俺もいつか」という曖昧な目標や漠然としたやる気はあったのですが、高校を卒業した後に流れる日々を過ごしていたら、気付けば取り残された状態に……。ここから人生を挽回するには、どうすればいいか、必死で考えました。仲間から出遅れた数年間のブランクを取り返したい。そして何よりも自分自身で「やり切った」と納得できる人生になるよう、逸れた軌道を戻したい。しかも最短距離で。学歴なし、コネなし、金なし、夢もなし。文字どおり0からのスタートです。

どん底状態から這い上がる方法として私が選んだのは、当時合格率数％、日本で最も難しいと言われている司法試験へのチャレンジでした。

なぜ、司法試験を選んだのか。それは、弁護士になれば、手に職をつけることができ、社会に対する貢献と自身の時給アップの両方を同時に達成することができると考えたからです。高校を卒業してからの数年間のフリーター生活を通じて、私は常々、社会生活において「技術」を身につけることの大切さを痛感してきました。司法試験に合格し弁護士になれば、社会の成り立ちに必要不可欠な「法律」に関する体系的な技術を身につけることができます。技術を身につけて社会で活躍すると同時に、時給がアップすれば貧しいフリーター生活からも脱却することができる、そういう思いで私は司法試験にチャレンジすることにしました。ただ、司法試験は、一流大学の法学部の学生が、朝から晩まで予備校に通って勉強しても、数年はかかると言われている超難関資格です。それに対し、私は前述のとおり高卒。最初の1年は基礎を学ぶために予備校に通ったものの、あとは独学。この状態で、同級生に追いつくためには、最短で合格するしかない！　と思っていました。「そんなの無謀だ」と思う人も多いと思います。でも、実際どうなったかというと……。独学で勉強を続け、わずか5年で司法試験に合格することができました。

弁護士資格を取得したのに、まさかの就職難民に

弁護士として活躍するためには、司法試験合格後、司法修習と呼ばれる研修

期間を経て、大手の弁護士事務所などでアソシエイトの弁護士（通称・イソ弁）として働くのが通例です。司法試験に受かった段階で、私もこのルートを辿ればもう安泰だと思っていました。しかし、ここでまさかの壁にぶちあたったのです。

いざ、就職活動を始めて感じたのは、学歴格差でした。司法試験の合格者は、当然ながら東大や京大、早稲田や慶応などの上位校の卒業生で占められています。待遇のよい大手の弁護士事務所に採用されるのは、20代前半で司法試験に合格した一流大学の卒業生ばかり。高卒の私は、就職活動においては実質的に門前払いで、大手はおろか、中堅事務所も全滅でした。「ここは地道に小さな事務所に入れてもらい、国選弁護を請け負いながら頑張っていこうか」そう考えていた矢先のこと、私はタクシーとの接触事故を起こしてしまいました。しかも、このときの私は司法試験に合格した身でありながら、自分がどのような刑になるのか分からない状態でした。不安になり、ネットでもいろいろ調べたのですが、欲しい情報がまったくありません。人生急下降な気分になりました。まさかの事故で刑事事件の当事者となり、改めて刑事についていろいろ調べることになったとき、ふと気が付いたのです。日本の弁護士事務所は民事を専門としているところがほとんどで、事件や事故にあった際、気軽に相談できる刑事専門の法律事務所が極端に少ないということに。

インターネットで調べていくと、海外では刑事事件をメインで扱っている弁護士事務所が複数あることが分かりました。ということは、日本でも事件や事故で困っている人はたくさんいるはず。「自分はそういう人の力になりたい。ならば、既存の弁護士事務所で働くのではなく、自分で刑事に特化した弁護士事務所を立ち上げよう」そう考えたのです。

第2の「逆転」――いきなり起業で大成功

思い立ったら即行動。私は、当時は一年半あった司法修習の最後の半年間を使って、弁護士事務所設立の準備をし、2008年9月3日に弁護士資格を得ると同時に、自分の法律事務所を開業しました。

集客の方法としては、Ｗｅｂサイトを立ち上げました。元々昔からホームページをつくったり、ブログでの発信をしていたこともあり、Ｗｅｂの知識にはある程度精通していました。また、当時Ｗｅｂデザイナーをしていた10年来の友人が、タイミング良く事務所のＷｅｂマーケティングの部門に参画してくれたことから、ＳＥＯ対策もバッチリ行えました。現在では一般的になっていますが、当時は、弁護士事務所がＷｅｂサイトを立ち上げること自体が珍しかったのです。はじめは、「少しずつお客さんを獲得していけば良いかな」と思っていたのですが、蓋を開けてみたら開業初日から依頼のメールや電話が相次ぐ状態に。私の読みは当たっていました。仕事の依頼がどんどんと舞い込み、会社は数年で全国展開をするほどまでに成長。２０２１年現在、グループで全国12拠点にまで拡大しています。

もしもあのとき、大手事務所にすんなりと入所することができていたら、いまの自分はなかったと思います。一流の大手事務所の初任給は１２００万円です。フリーター生活を10年も続けてきた私は、その初任給と「大手事務所の弁護士」という肩書を手に入れて、有頂天になっていたに違いありません。起業もしていなかった可能性が高いですし、いまのような充実した働き方もできなかったかもしれません。そういう意味では、まさに「人間万事塞翁が馬（人生における幸不幸は予測しがたいということ。幸せが不幸に、不幸が幸せにいつ転じるかわからないのだから、安易に喜んだり悲しんだりするべきではないというたとえ）」。就職活動がうまくいかなかったことが別の形で自分の人生に良い影響を与えました。

また、アメリカに行ったり、フリーターをしたりして過ごした18歳から28歳までの10年間も、振り返ってみれば自分の大きな強みとなっていました。大学を卒業して就職するという既定路線から外れたことで視野と選択肢が広がり、結果として、自分自身のポテンシャルを最大限に活かす土台となりました。

自分の人生を自分で決める経験をし続けてきたことは、自分にとって、大きな糧になっています。会社や学校などの組織や集団に所属せず、社会の中で「一本の葦」として暮らしてきた10年間は、弁護士や経営者として必要な「体幹」を鍛えてくれました。すべての経験が、いまに活きていると感じています。

なぜ、これほどマイナスの状況から挽回し、短期間で成長することができたのか。それは私が特別だからではありません。逆境の中で実践してきたノウハウはどれも簡単で、誰にでもマネできることばかりです。

私は弁護士という職業柄、いろいろな人とお会いし、人生の重大な局面に関わらせていただくことが多くあります。その中で感じるのは、ピンチをチャンスに変えることができる人、成果を出し続けることができる人には、多くの共通点があるということです。そして気付けば、私自身が逆境の中でその共通点に通じるメソッドに出会い、いつの間にか習得し、生活の中で実践していただけなのです。

だから、みなさんもこれから紹介するメソッドを実践していけば、誰でも、いつからでも人生を転換することができるはずです。自分自身の立ち位置を自分の特性や社会の情勢に合わせて自分自身の立ち位置を変えていく〝ポジションチェンジ〟のノウハウを身につければ、もっと簡単に「自由で豊かな生活」を手に入れることができれば、**人生はいつでも逆転させることが可能なのです。**

目次

STEP 2

運は誰でも味方にできる！知るだけで幸運になれる!?

STEP 3
最短で夢を叶える逆算の魔法

STEP 4
何事も達成することに意味がある！　自分を変える意識改革

STEP 5

STEP 6

たった1つのポイントで成功し続ける人になるフェーズ認識

デザイン　小口翔平＋奈良岡菜摘＋須貝美咲（tobufune）
撮影　後藤利江
DTP　株式会社 三光デジプロ
図版　株式会社ウエイド
校正　株式会社 文字工房燦光
編集協力　市岡ひかり
編集　根岸亜紀子（KADOKAWA）

STEP 1

なりたい自分は何か？
本当の「目標」を探そう

変わりたいのに、変われない、その原因は本当の「目標」が見えていないから。

「変わりたいけれど、どうすればいいかが分からない」などと悩んでいる方はいませんか。「いまの状況を変えたい」という考えは、「向上心」からくるものもあれば、「逃げたい」という思いからくるものもあるでしょう。でもそのどちらの場合も「だけど、何すればいいか分からない」と感じているとしたら、原因は一緒です。そしてこの中には「頑張っているのに報われない」という空回り状態のモヤモヤも含まれます。

なぜ、現状がうまくいかないのか。その答えはズバリ、**自分が何をしたいのか（すべきなのか）、目標が見えていないから**なのです。

とはいえ、いきなり「目標」と言われても、何を目標にすればいいのかが分からないという方もいるでしょう。また、「お金持ちになって楽な暮らしがしたい」という漠然とした目標を掲げる人もいると思います。

どちらの場合も「明確な目標がない」というのは一緒です。そもそも、この時点での「目標」とは何なのでしょうか。

「目標」を定めるうえで大切なのは、漠然とした夢やあこがれではなく、自分を最大限に活かせることができるのはどこなのか、その場所を特定し、明確にしていくことです。つまり、**自分の強みを正しく把握し、その強みを活かせる場所を探すこと**になります。これができれば、おのずと「目標」が明確になり、やるべきことが見えてきます。

例えば「目指したいもの→お金持ちになりたい」だとしたら、どのくらいのお金持ちになって、何をしたいのかが明確になっていないと、やるべきことは見えてきません。また、最近はYouTubeの影響もあり、好きなことを仕事にしてキラキラ輝いている人たちが頻繁に登場しているのを見て「目標は自分の好きなことで生きていくことです」と語る人も増えてきました。私がYouTuberとして活動する中で出会う20～30代の人たちからもこういった声をよく聞きます。

ですが、これにも大きな落とし穴があります。

「好きなことで、何をして、どう稼いで、最終的にどんな暮らしをしたいのか。最終的に自分はどうなっていたいのか」と尋ねると、多くの人の答えはあいまいでふわっとしていて、明確なビジョンがないのです。これでは「人生の目標」を定めたとは言えません。

明確な「目標」を定めるためには、まず自分の「強み」をしっかり把握しましょう。ただ、いきなり「強み」と言われてもパッと思い浮かばない人もいるのではないでしょうか。そういうときには一度自分の人生の棚卸しをしてみることをオススメします。棚卸しをすることで、実はコンプレックスに感じていることや、自分でも気付いていない部分に「強み」が隠れていることも多くあるのです。人生の「目標」をはっきりさせるためにも、自分の現状を把握し、そこから「目標」を明確化していきましょう。

実は人生を自分が望むように逆転させるのに必要なポイントはたった3つです。

■逆転に必要な3つのポイント

1、明確な「目標」
2、時代や市場、運を味方にする
3、効率良く目的達成するための最短ルートを知る

このポイントを見て「簡単そうに言うけど、それって結構難しいんじゃや……？」と思う人もいるかもしれません。でも大丈夫、安心してください。本書で紹介する「逆転メソッド」をマスターすれば、すべてクリアできます。

しかも、このメソッドを一度身につければ、就職（転職）、副業ビジネス、ダイエット、資格試験、語学学習など、さまざまな場面で応用できます。

そのためにも、**まずは自分の「強み」を把握し、「目標」を具体化させていきましょう。**そうすることで、やるべきことが明確になり、成功への近道が見えてきます。

例えば、ただ漫然と英語の勉強をするのはつらいかもしれません。でも、「ブロードウェイミュージカルを生で鑑賞する」という目標を持ち、そのために学習をするとしたらどうでしょうか。やらされ感のあった学習も楽しいものに変化しますし、続けるのも苦ではなくなります。

私の経験上、同じ仕事をするにしても、目標がしっかりしている人ほど、結果が出やすくなっています。それは目標が明確であることで、自分の行動一つ一つについて「私はいま、こういう理由でこの物事に取り組んでいるんだ」という「意味付け」がしっかりできており、途中で困難が生じた場合でも折れにくいからでしょう。また、一度「目標」を明確化すれば、いままで見落としていたチャンスにもどんどん気付けるようになります。つまり、自分の中でチャンスを感じ取るアンテナが立つようになるのです。

これには、脳の「ＲＡＳ」という機能が関係しています。「ＲＡＳ」とはReticular Activating Systemの略で、日本語では網様体賦活系（もうようたいふかっけい）というものです。

人間の脳は日々たくさんの情報を処理します。ただ、すべての情報を受け入れて処理していると、脳の処理能力がパンクしてしまうので、自分にとって必要な情報だけをすくい上げ、その他の情報は見えないようにしてしまうのです。これが「ＲＡＳ」です。

『ウォーリーをさがせ！』（フレーベル館）という絵本で遊んだことがある人も多いと思います。人ごみの絵の中に紛れている、ウォーリーという青年を探し出す、という有名な絵本です。あの絵本も、ぱっと見はただの人混みが描かれた絵にすぎません。何も言われなければ、普通の絵として眺めておしまいです。

ただ、「この絵の中からウォーリーを探す」という「目標」が定められたらどうでしょうか？　ただの人混みの絵が、まったく別の意味合いを持つようになります。

この「ＲＡＳ」の力をうまく活かしたのが、産業革命だと私は思います。

言わずもがなですが、産業革命とは18世紀から19世紀に起こった産業構造の変革のことで、動力源として蒸気が使われるようになったことが特徴です。

では、この産業革命のどこがすごいのか。

それは「蒸気に気付いた」ことです。

蒸気は、人間が火を使えるようになってから数十万年以上ずっと目にしてきたものです。当時も蒸気の存在はみんな知っていたはずです。でも発明家の人たちが、「世の中に役に立つものがないかな」という目線でみたとき、「あれ、これいけるんじゃないか？」と蒸気を活用し、歯車を回して、動力にしました。もしも、ただ漫然と蒸気を見ていたら、何の変化も革命も生まれなかったかもしれません。それまで何十億、何百億の人が気付かなかった価値も目標がはっきりすることで、全然違って見えてくるのです。

人生の「目的」を考えると、目標は自然に見えてくる

「目標が大事なのは分かったけど……、じゃあどうすればいいの？」と思う人もいると思います。そんな人はまず、自分の「目的」から意識してみましょう。とはいえ、いきなり「目的」と言われてもピンとこない人もいるかもしれません。

実は、「目的」と「目標」は似ているようで、ちょっと違います。

「目的」とは人生の向かっていくべき方向性のこと。「目標」はその間に到達する地点のことを指します。

例えるなら、「目的」は「北へ向かう」、つまり北極星がある方向に行くということ、「目標」は北へ向かう途中でそのルート上にそびえ立つ山々、越えなければその向こう側にはたどり着けない「越えるべき障害物」、といった感じです。北極星を目指し山を登って行くと、目の前には、最初の目標である山があります。山はいくつか連なっていて、目の前の山の登頂に成功したらその次の山がまっていて、それをクリアしたらまた次の山があるというイメージです。

人生の目的を考えるとき、自分は何をしているときに幸せだと感じるのか、自分自身が生まれ持った志向性を自問自答してみましょう。そして、さらに、将来どんな幸せを感じ続けていきたいのかまで、考えを広げてみましょう。頭でぼんやりと思い描くより、紙に書き出してみるのがオススメです。P36にワークを用意したので、それに沿って書き込んでいただけると、より自分の思いがすっきりと可視化できます。

例えば、あなたはお金持ちになりたいですか？
出世したり有名人になるなどして、他人から認められたいですか？
独立して、他人に振り回されずマイペースな毎日を送りたいですか？
困っている人を助け、社会のために貢献したいですか？

自分が大事にしている価値観や幸せを感じる瞬間、人生を通じて成し遂げていきたいこと、他人や社会にどういうインパクトを与えていきたいかを、まずは書き出してみましょう。最初はキーワードのようなものでも構いません。いくつか価値観を比較しているうちに、自分の人生の目的、進むべき方向性が見えてきます。そして、その目的を見据えたうえで、その方向に進んでいくためには、まずは何をクリアしなければいけないのか、内容にもよりますが、例えば「直近の2、3年で越えなければいけない壁は何か？」などと自問自答しながら、目標を明確化していくのがよいと思います。

「目的」と「目標」のイメージ図

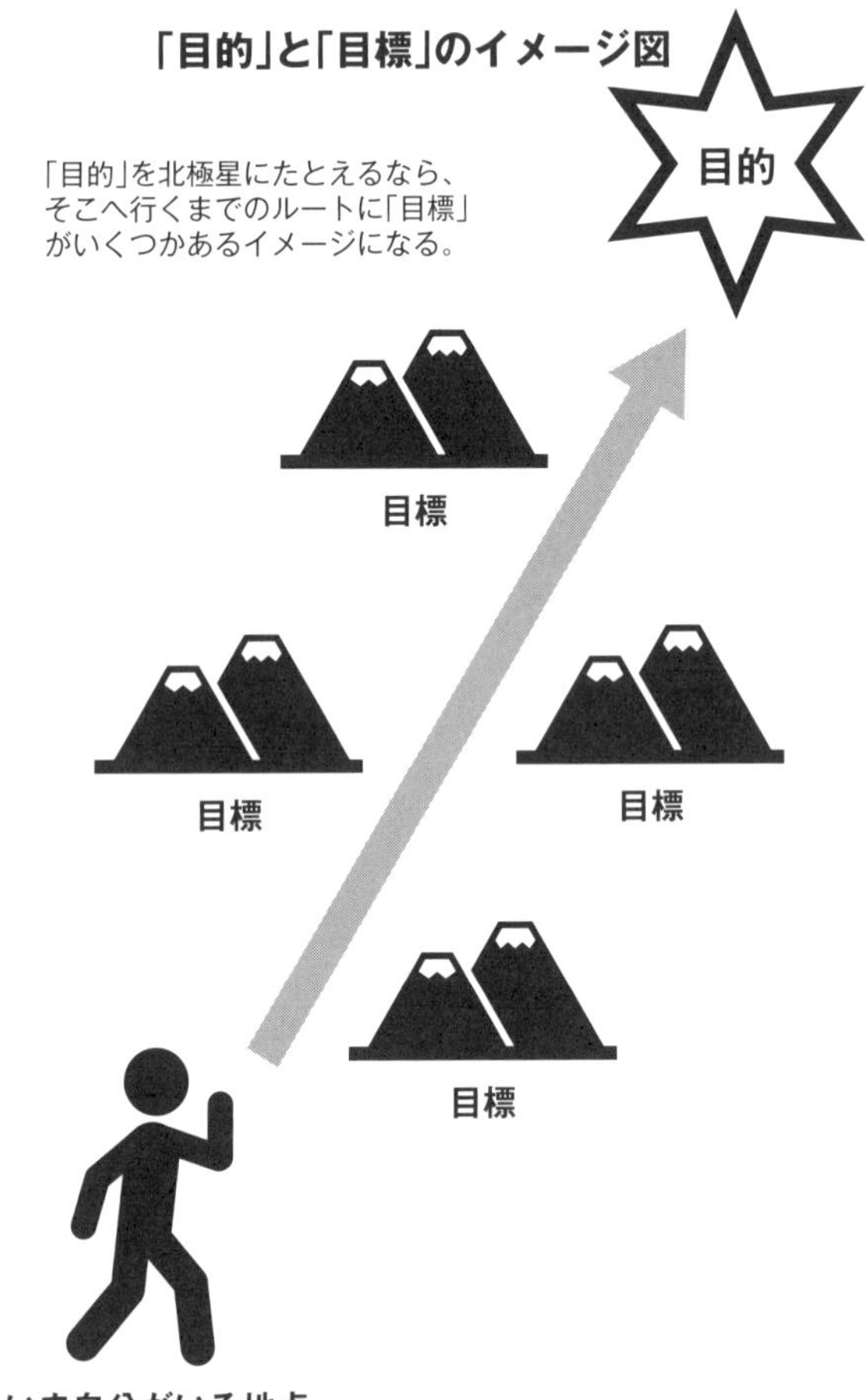

「目的」を北極星にたとえるなら、
そこへ行くまでのルートに「目標」
がいくつかあるイメージになる。

周囲の評価は気にせず、あなたの本当の目的を自問してみよう

人生の目的について考えるとき、「こんなことを思ったら周りからどう見られるか」と、周囲からの見え方や評価を気にしたり、「こんな目標自分には実現できないんじゃないか」などと自分を過小評価したりする必要はまったくありません。自分の心に素直になって考えてみましょう。

世の中には、大人になってからも、親や周囲の大人から半ば押し付けられた価値観に囚われ続けている人がいます。自分の中では違和感を持ちつつも、伝統的な価値観から逃れられない人たちです。伝統的な価値観の中には、普遍的ですばらしいものも多くあります。また、それが本当のあなたの望みであれ

ば、まったく問題はありません。ただ、一度自問してほしいのです。それは本当のあなたの人生の望みでしょうか。**あなたの人生はあなたのものです**。一度見直してみると、実は意外な人生の目的が見えてくるかもしれません。これからの人生で目標は何度も変わっていくと思います。ですが、目的はあまり変わりません。

例えば、「経済的に豊かになって、家族と楽しく暮らす」というのがあなたが求める人生の方向性(目的)だとしたら、その方向性自体はあなたの天性に由来するもので、よほどのことがない限り変わることはありません。しかし、具体的な目標は、その時どきで変わるでしょう。「目標」は、目的地に近づいていくための一つの目印なので、時代の状況や自分を取り巻く環境によって変わることがあると思います。また、目標を意識的に変えるべきタイミングというのもあります。しかし、目的は基本的に変わりません。つまり、自分の目的や自分がどう進んでいくのか、その方向性をしっかりと自覚しておくことで、時代や環境の変化に合わせたベストな目標を立てやすくなります。「もっと手っ取り早く人生を劇的に変える方法を教えて！」と思う方もいるかもしれませんが、ここがすべてのスタート地点です。回り道のように思えて、実はとても効率的なルートなのです。

ちなみに、私の場合、人生の目的は自分が取り組む仕事や活動を通じて「見たことのない景色が見たい」「いままで到底会えなかったレイヤーの人に会いたい」「総理大臣やアメリカ大統領など、いまの実力では想像がつかないような人と仕事を通じて関わってみたい」です。

私にとってYouTubeは自分を新たなステージに連れて行ってくれるためのツールとして活用しています。実際、YouTuberとしての活動を通じて、著名な作家さんから連絡をもらうなど、それまでの人生からは考えられないような出会いにも恵まれました。今後も、想像のつかないような人に会って刺激を受けたいと思っています。あなたの本当の目的は何ですか？　では、さっそく次のページのワークをやってみましょう。

【自分の目的から目標を導き出すワーク】

1 あなたは人生でどんなときに幸せだと感じますか？

2 大切にしたい価値観は何ですか？
優先順位を決めて並べてみましょう。

3 人生の目的を踏まえ、どうなっていたいですか？

自分の性格をよく知るための「ビッグ・ファイブ・モデル」

自分をもっとよく知りたいという場合は、分析ツールを使ってみるのもオススメです。心理学の中に自己分析手法として知られている「ビッグ・ファイブ・モデル」というものがあります。人の性格を5つの要素に分類するものになります。具体的には、

①外向性（興味・関心が外に向いている）
②協調性（協調的な行動をとる）
③良識性（勤勉で真面目）
④情緒不安定性（情緒不安定な傾向）
⑤知的好奇心（新しい経験に対して開放的）

この組み合わせによって性格が決まっているというものです。
これは「こういう性格がより良い」と優劣を判断するものではありません。あくまで自分の性格を俯瞰して、それに応じた目標を設定すれば良いのです。これをやることで自分では認識していなかった、新しい自分の姿が見えてくることもあると思います。

例えば、「外向性」が強く、興味の限り突き進むタイプだと思っていたけれど、実は「協調性」豊かでバランスを取れるタイプだった、ということもあるかもしれません。または、実は「知的好奇心」が強く、どんどんいろんなことにチャレンジしていきたいタイプだけれど、実は情緒が不安定という場合もあります。メンタルのほうを強化するという手もありますが、あえて弱みであるメンタルを酷使せず、自分にとってちょうど良い頻度でチャレンジを重ねていくという選択肢もあります。

これまでの話で想像がつくかもしれませんが、私の場合は外向性と知的好奇心がすごく強いタイプです。気になる本も、ネットですぐにポチって購入します。そして、協調性が低く（笑）、情緒が安定しています。なので、基本的に、私に対するネット上の批判やアンチの存在は、まったく気になりません。SNSのコメント欄に書かれる批判のレスについても、他の視聴者や周りの人に迷惑をかけない限り、ブロックをすることもありません。ただ、事務所のスタッフの中には、そういう批判やコメントを読んで気分が悪くなってしまう人もいるので、その辺りを含めてどう対応するのかというのは、難しい問題です。

ビッグ・ファイブ・モデルを用いた分析ツールはネットでも多く紹介されていて、無料のものもありますので、検索してみてください。

もちろん、これがすべてではありませんし、これだけで自分の性格がすべて分かるという万能ツールでもありません。ただ、自分を分析するうえでの気付きを得ることができると思いますので、一度試してみてください。

「具体的な目標」があなたを夢に近づける

目標を考えるときのポイントは、できるだけ**具体的な数字や固有名詞を入れ込むこと**です。例えば

・英語が得意になりたい↓TOEICで800点が取りたい
・きれいになりたい↓いまの体重より10キロ痩せたい

といった感じです。そのほうが目標達成までの計画を立てやすくなります。

例えば、「営業成績トップになりたい！」よりも「1日に5件アポを取る」の方が、まず何から取り組めば良いのか、イメージしやすくありませんか？

「まだ目標が具体的に見えていない」という人は、すでに目標を叶えている人に会いに行ったり、ブログを読んだり、Twitterをフォローするなどす

るのもひとつの手になります。

また、目標を考える際には、あまり先のことまで緻密に計画を立てる必要はありません。なぜなら、目標達成に向けて目の前の山を登り切ったとき、見えてくる景色は変わっているからです。自分の能力が上がり、交友関係が変わり、職場も変わっているかもしれません。入ってくる情報も大きく変化しているはずです。そうなったら、次の目標も自ずと変わってきます。

さらに、いまは非常に変化が多い世の中です。スマートフォンの普及により私たちの生活は大きく変わりました。また、2020年以降の新型コロナウイルス感染症の影響でテレワークが急速に普及し、DX（デジタルトランスフォーメーション）によりビジネス環境は大きく様変わりしました。あまりの時代の流れの速さに「知識は5年で陳腐化する」と言われることもあります。

つまり、専門家でも難しいような未来予測に力を注ぐよりも、何か世の中に変化が起こったときに、すぐ反応して、チャンスを見逃さずに行動ができる基礎体力をつけておくほうが、効率的なのです。

自分の「強み」を見つけると、社会から求められる人になれる

具体的な目標を決めたら、次は、それが自分の「強み」に合っているのかチェックしていきましょう。

なぜ、目標が強みに合っていることが重要なのか？　それは、例えば「好き」であるということだけで目標を決めてしまうと、結果が思うように出せず、周囲や社会からも求められない、独りよがりな目標になってしまいかねないからです。「努力が報われない」「やる気が空回りしてしまう」というのは、まさにこの状態です。こうなってしまうと、目標達成のモチベーションも上がりにくくなり、悪循環を招くことになります。

人間、ひとりの力は限られています。何かを成し遂げようとするとき、周囲

の人や社会から応援してもらえるということは非常に重要な助けになります。そのためにはまず、自分の強みや得意なことで周りの役に立つことです。

近江商人の経営哲学として有名な「三方よし」（買い手よし、売り手よし、世間よし）という考え方をご存じでしょうか。商売では、売り手と買い手が満足するのは当たり前のこと。さらに、社会に貢献できてこそ良い商売である、という考え方です。伊藤忠商事をはじめ、大手企業の企業理念にも採用されています。最近では「パーパス（企業の存在意義）」や「ソーシャルグッド（社会に対して良い影響を与える商品やサービス）」といった考え方も注目されています。

三方よしは商売の考え方ですが、これは社会で私たち一人ひとりが生きていくうえでの考え方にも通じます。

つまり、「自分よし」だけの目標ではなく、自分を取り巻く社会からも応援してもらえる「社会よし」、時代の潮流からも後押ししてもらえる「将来性よし」の特性を備えた、三方よしの目標のほうが、長期的で持続可能な好循環を生み出すことができるのです。

社会の「部品」として輝ければ、ポジションチェンジも楽になる

いま、もしあなたが「自分の人生は思いどおりになっていない」と思っているのなら、それは自分の強みを把握できていないからかもしれません。

私が普段20代の人と話していて感じるのは、時どき独りよがりになってしまっているのではないか、ということです。

もし「誰かに認められたい」「社会の中でポジションを変えたい」と思っているのなら、まずは自分が社会全体の中で機能し、部品として輝いていく必要があります。自分が社会の中で役に立てる存在になると、人やお金だけでなく、情報やその他の有益なリソースがいろいろ集まってきて、時間が経つにつれてよいサイクルがどんどん大きくなっていきます。社会全体の部品として上

手に機能しようと思ったら、自分の強みにフォーカスするしかありません。スポーツで考えてみると分かりやすいと思います。例えば野球だとしたら、9人がそれぞれ自分の強みに合った場所でしっかりと機能していることがチーム全体を強くしていきます。守備範囲が広いショートだったら、足が速いほうが適しているでしょう。一方、キャッチャーだったら、守備の要としてリーダーシップを発揮でき、メンタルが落ち着いていることが求められるでしょう。足が速いほうが良いのか、リーダーシップが発揮できる方が良いのか、という、どちらがより優れているか、ということではありません。どちらもすばらしい強みです。それをいかに活かせるかが重要なのです。

これから一生付き合っていく自分にもともと備わっている強みを見いだして、その強みを集中的に磨き、強みでもって一番活躍できる場所を探す。これが、一番効率的なやり方だと言えます。自分の強みを社会で活用するためには、自分が歯車の中心になって回していくと考えることで、社会との間で良い循環が生まれて、社会の中で輝けるようになります。

「自分の強み」の活かし方をチェックしよう

「自分の強みと言われても、どこに自分の強みがあるのか分からない」という人も多いでしょう。

自分の強みはなかなか自分自身では気付きにくいものです。これからワークシートを使って、一緒に自己分析をしていきましょう。

私は、人間の強みとは①感情、②感性、③能力の3つが重なり合う部分で構成されていると考えています。あなたが「得意」と思っていることや、「これって強みかな？」と思うことを3つのカテゴリーでチェックし、P50のワークを使って「自分の強み」を棚卸ししてみましょう。

① 感情：大好きで継続が苦にならない分野か？

まず、強みは「好き」であることが重要です。好きであれば、継続して努力することができます。続けても苦にならないということは、それだけで大きなアドバンテージになります。

特に、子どものころから好きで続いていることがあるなら、それは強みと関係している可能性があります。

「おもちゃを分解したり、機械をいじったりするのが好きだった」
「図鑑をしょっちゅう見ていた」
「いつもクラスのもめ事を仲裁していた」

など、振り返ってみると、新しい発見があるかもしれません。

② 感性：細かな変化や違いに気付ける分野か？

あなたには日々の生活の中で「こんなことに気付かないなんて、周りの

人の目は節穴だな」と思うことはありませんか。例えば、

「家電を見て、どこの配線が間違っているかすぐ分かる」

「家具の組み立て方を、説明書を見なくてもなんとなく分かる」

「これから売れそうなアイドルを見分けられる」


といったことです。いわば、その分野の「ネイティブ」かそうではないか。感覚的に理解ができる素地があるかどうかは、その後の成長に大きく関係します。ちょっとしたことでも、他人にとっては難しいことが自分は楽にできる、ということを探してみてください。一見、自分ではマイナスに思っているようなことやコンプレックスを感じていることでも、光の当て方によっては自分にしかない強みになることが多々あります。

③ 能力：得意な分野か？　苦手な分野ではないか？

これも②と同じです。苦手な分野なのに、「好きだから」という理由で手を出す人が意外に多い。これでは限られた労力を無駄にしかねません。

「この分野に関しては、やたらと人から頼まれる」

「他の人は大変そうなのに、自分は案外楽にできる」

ということはありませんか？

例えば私の事務所の社員に、エクセルや図表の作成がすごく上手な人がいます。彼は社員から作図をよく頼まれています。これはすごい強みですよね。自分ではなんてことないことのように思えることでも、実は他人から見れば「すごい！」ということもあります。小さなことでもよいので、書き出してみましょう。

「飲み会の幹事をやたら頼まれ、自分でも苦にならない」
→人をまとめるのが得意、リーダーシップ力がある
「割り勘のときに計算をいつも頼まれている」
→暗算が人よりも早く正確にできる、数字に強い
といった具合に、得意なことが導き出せます。

自分の「強み」を引き出すワーク

自分がこれから取り組もうとしているのは？

その取り組みは自分にとって

1 感情：大好きで継続が苦にならない分野か？

YES　NO

✕ それは、自分にとって「嫌いな分野」ということ。

2 感性：細やかな変化や違いに気付ける分野か？

YES　NO

✕ それは、自分にとって「音痴な分野」ということ。

3 能力：得意な分野か？　苦手な分野ではないか？

YES　NO

✕ それは、自分にとって「苦手な分野」ということ。

〇 **自分の「強み」**（感情・感性・能力）を活かせる分野

「苦手な分野」に労力を投入しても無駄になる

自分が「どの分野の変化や違いに気付くことができるのか」を見極めることは、自分が「音痴な分野」を導き出すことにつながります。細かな変化や違いに気付けない分野というのは、自分の生まれ持った天性とは相性が悪い、いわば「音痴な分野」ということができます。

「センスがいい」「センスが悪い」の「センス」と言う言葉がありますが、語源である英語のｓｅｎｓｅという単語には「気付く」という意味があります。センスがいい人というのは、言い換えると、その分野の細かなニュアンスの変化や違いに「気付くことができる人」と言い換えることができます。

とあるブログ記事でとても興味深いと思ったものがあります。ある企業の社長が、幹部社員向けに速読の研修をしたそうです。速読のトレーニングでページをパラパラめくり、トレーニングが終わった後、その日の練習で気付いた点を記録するような研修をしたそうです。

するとと、練習の中で多くのことに気付けた社員とそうでない社員がいたそうですが、多くのことに気付けた社員は、その後どんどん速読が上達していったそうです。言い換えると、速読の「センスがあった」ということです。そして、ここからが示唆に富むのですが、速読の練習で多くのことに気付けたか否かと、普段の仕事の成績は、まったくと言っていいほど関係がなかったそうです。

つまり、何かの分野に突出したセンスがあるということは、仕事ができる、できないは一切関係なく、その人それぞれ。自分ならではのセンス＝気付けるポイントを探して、伸ばしていけばいいのです。

このほか、「歌が苦手」、「時間に遅れがち（時間感覚が鈍い）」、「機械が苦手」など、感覚や体質的な問題は、改善するのに時間と労力がかかります。

もちろん、趣味でやる分には、音痴でも何の問題もありません。ただ、なりたい自分を最短速度で効率的に目指すのであれば、集中的に自分の労力を投入する分野を間違えないことが非常に重要なのです。

自分の強みは、自分では気付きにくいものです。

実は私も、ＹｏｕＴｕｂｅを始めた当初は、ＹｏｕＴｕｂｅ動画との関係で「弁護士実務を通じて得た知識と経験」がここまでの強みになるとは思っておらず、その自分の強みに気付くまでしばらく時間がかかりました。最初にＹｏｕＴｕｂｅに挑戦した当初はいまのような弁護士ＹｏｕＴｕｂｅｒとしてではなく、別会社である『ユーチューバーＮＥＸＴ』の社長として活動していました。この会社は、次世代ＹｏｕＴｕｂｅｒの応援メディアを運営していて、当初はいろいろなＹｏｕＴｕｂｅｒとのコラボ動画をメインにやっていこうと考えていたのです。

弁護士を十数年やっていると、弁護士業務が当たり前になりすぎて、その知識に一般的なニーズがあるとは思っていませんでした。だから、その当たり前の知識を発信することに若干、気恥ずかしさもありました。でも世の中から見たらそこの知見が強みだったのです。

正直なところ、自分自身、弁護士の肩書きで動画再生回数を伸ばしたら、その肩書きを外せなくなってしまうんじゃないか、と尻込みしていたところもありました。ですが、実際に動画を配信していくうちに、フォロワーのみなさんが自分の知識に喜んでくれたり、驚いてくれるのを見て、これが私の「強み」なんだと再確認することができました。

経営学者のピーター・F・ドラッカーも、著書『マネジメント』（ダイヤモンド社）の中で「強み」についてこう語っています。

〝人が成果を上げるのは強みによってのみである。人が何かを成し遂げるのは、強みによってのみである。弱みはいくら強化しても平凡になることさえ疑わしい。強みに集中し、卓越した成果を上げよ。〟

弱みをいくら磨き上げたところで、社会との化学反応は起きません。もちろん、ただ趣味でやるだけなら、仮に弱みだったとしても、好きなことを磨くことは無駄ではありません。しかし、ドラッカーが言うように、もともと弱いところはいくら磨いたところで平均以下でしかないのです。

人生を逆転させるほどのポジションチェンジを狙うなら、自分の時間と労力を集中して投下する必要があります。**自分の強みにフォーカスして着実に努力していけば、最短ルートでなりたい自分に近づくことができるのです。**

漠然とした「夢」ではなく、「自分の強み」を強化しよう

目標を決めるときやってしまいがちなのが、「○○さんのようになりたい」という他人へのあこがれを目標にしてしまうパターンです。

ロールモデルがあると具体的な目標達成の道筋を立てやすくなるので良いのですが、他方で、あこがれはあくまであこがれで、自分の強みとは合っていないことのほうが多くあります。あこがれの人を乗り越えて、その人の「上位互換」になれるような強みが自分にあればよいのですが、自分の強みと合致しない単なるあこがれは、目標設定との関係では有害です。

これは私の失敗談ですが、10代のころは「コツコツ努力して勉強するのはダサい」と思っていました。90年代に流行していたミュージシャンのように、全

然努力をしているように見えないのに、才能を頼りにさらっと軽やかに生きていく人にあこがれていました。要領もいいほうだったので比較的勉強はできましたが、「勉強ができるね」という言葉も当時の私にとっては誉め言葉ではなく、どちらかというと嫌な気持ちになるものでした。しかし、司法試験で分かったように、実は私の強みはコツコツ地道に勉強を頑張れるというところにありました。

あなたにはあなたにしかない魅力があります。誰かになろうとするよりも、あなた自身の魅力を伸ばしたほうが、ずっと効率がいいのです。

また、「YouTuberになりたい」「弁護士になりたい」といった、職業そのものを目標にする場合も、もう少し具体的に考えてみる必要があります。あなたはその職業についてどれくらい具体的に想像できているでしょうか。ひょっとすると、その職業のイメージだけであこがれていませんか？

例えば、「自分は正義感が強く、熱血漢だ」という人が、法廷で無実の罪に問われる被告人を助ける弁護士に対して正義のヒーローのようなあこがれを抱くかもしれません。でも、実際には、そんな仕事をする弁護士はほんの一握りです。ほとんどの弁護士がそういった刑事弁護ではなく、借金問題や離婚問題など一見地味に見えるような民事裁判をメインに担当しています。地味な事務作業や調整作業もたくさんあります。

また、先述したように、そもそも司法試験に合格するまでにも、気が遠くなるほどの事項を暗記しなければなりません。つまり、熱血漢であることも大切ですが、むしろそれ以上に、コツコツと地味な作業を嫌がらずにこなせるという細やかさと忍耐力が求められます。

職業へのあこがれは、こうした影の部分を見えにくくしてしまいます。そして、結果的に自分の人生の目的（自分が目指したい方向）とは異なった方向にたどり着く「誤った目標」を選んでしまうという悲劇すらも起こりうるのです。

もし「こんな職業に就きたい」と考えているなら、その職業を通じて、自分が何を成し遂げたいと思っているのか、どんな気持ちになりたいのか、自分のどんな強みが活かせるのか。人生の「目的」や、「強み」にフォーカスして「目標」を導き出したほうが良いでしょう。そうすれば、より本当の自分にフィットした将来像を見つけることができ、自由で豊かな人生を送ることができるようになります。

また、過去に成功したルートに固執してしまうのも、目標への到着を遅くしてしまうことがあります。

例えば、「お笑い芸人になる」という夢があったとします。かつての王道ルートなら、お笑い養成所に通ったり、ライブに出たり、テレビのオーディションに挑戦したりして、少しずつ知名度を上げていく方法を考えるかもしれません。

でもいまだったら、ＹｏｕＴｕｂｅやＴｉｋＴｏｋを使って面白いことをしたほうが、あっという間にメジャーになれることもあります。

過去の人たちが辿った成功ルートに囚われず、自分の目的としっかり向き合って、「その目的地に到達するためにはどのルートが最短か？」と自分の頭で考えて逆算することが、目標を設定するうえでは非常に重要になってきます。

STEP

2

運は誰でも味方にできる！
知るだけで幸運になれる!?
「引き寄せチャート」

運を味方につければ、目標達成のスピードが加速する

逆転メソッドの特徴のひとつは、目標達成に「運」や「時代」といった、一見自分ではどうにもならないように思えるような要素を味方につけることです。「運」や「時代」を味方につければ、まるで上行きのエレベーターに乗ったように、目標達成へのスピードを一気に加速させてくれます。時代を味方につける方法は、ＳＴＥＰ５で詳しく紹介するとして、ここではまず、運の力を身につける方法をお伝えします。

まず、運の力があると、目標達成にはどう役に立つのでしょうか？

例えば、「Ｗｅｂデザインの仕事で月20万円を稼ぐのが目標」という人がいたとします。もし、運の力があったら、どうなるでしょうか？

デザインを発注したいという大口のクライアントが現れたり、欠員が出たから、自社でデザイナーとして雇いたいというヘッドハンティングがあったり、著名な師匠からデザインの指南を受けることができたり、「使っているデザイン用の機材がいらなくなったからあげるよ」と言う人が現れたり……

運に恵まれ、目標にも難なく到達できそうですし、これからどんどんステップアップしていきそうです。「うらやましいなあ」と思いますよね。大丈夫です。あなたも「運」をつかめる人になれます。「運」は偶然やってくるものではなく、日ごろの行動次第でいくらでもつかめるものなのです。そして、この「運」の力は、あなたの目標達成の大きな手助けになります。

私の考える「運」とは、宝くじが当たる、というような短期的で偶発的なものとは異なります。もっと中長期的に、自然と必要な人や物が集まってくる、そういう「流れの良さ」のようなイメージです。

海が常にうねっていて、波が立っていたり、潮の満ち引きがあったりするように、社会も常に変動しています。そして波や潮のように、自分の力ではどうにもならないような強い力で引っ張られたり、押されたりすることがあります。こういう社会のうねりや人の流れを、自分の目標達成のために上手に使う。一見すると自分にとっては不利なうねりや流れであっても、自分自身の立ち位置や立ち振舞いを上手に調整することで、結果として有利に使う。これが、私の考える「運を味方にする」ということです。

世の中は、能力だけですべてが決まるわけではありません。スティーブ・ジョブズやビル・ゲイツ、ジェフ・ベゾスも、もちろん彼らが努力したこともあったでしょうが、自分の能力を活かせる場所にしっかりと身を置き、運と時代を身につけたというのが一番強いところだと思います。逆を言えば、あなたがもし、いまひとつ人生がうまくいっていない、能力が活かせていないと感じるのであれば、それは「運」を身につける方法を習得していないだけかもしれません。

このステップでは、私自身や、私がこれまで弁護士として出会ってきた成功者の行動から割り出した、運の力を高めるためのノウハウをお伝えします。

運を引きつけるかを決めるのは、具体的な「目標」があるかどうか

実は、「運」には「目標」が大きく関係しています。具体的な目標を定めたら、その瞬間から自分のもとに必要な情報がどんどん集まり始めます。「引き寄せの法則」と聞けば少し怪しい感じがするかもしれませんが、明確な目標を持つことで、情報の流れを変えて、チャンスを自分のもとに引き寄せることができるのです。

例えば、「家を買う」という目標を立てたとします。すると、それまでまったく気にならなかった道ばたに貼られた不動産広告や書店に置かれた住宅情報誌が、急に気になるようになりますよね。それだけではなく、道ばたの家の外観、友人の家の間取りや内装も目に付くようになってきます。入ってくる情報

量が増えれば、必然的にそれだけ良い家を手にできるチャンスが高まります。

STEP1でも説明しましたが、人間の脳には「RAS」というスクリーニング機能があり、一度「目標」が決まると、それまで見えなかったチャンスがどんどん見えてくるようになります。


少し極端ですが、こんな例があります。2005年に起きた、ジェイコム株の大量誤発注問題をご存じでしょうか。

証券会社の担当者が「61万円1株売り」とすべき注文を「1円61万株売り」として、誤って売り出してしまったということが起きました。1分後に担当者が間違いに気付き、取り消すための手続きを実行するまでのわずか10分程度の間にすぐ反応し、ジェイコム株を売買したことで数億円から数十億円の利益を得た人たちがいました。

さて、この人たちは偶然チャンスをものにしたのでしょうか。偶然といえば偶然ですが、他方で、同じ現場に立ち会いながらもチャンスをまったくものにできなかった人たちが無数にいました。そういう意味ではこの人たちが短時間で判断し、途方もない結果を得ることができた原因は、常にチャンスをつかもうと、つぶさに市場をチェックしていたからに他なりません。

私自身、弁護士やYouTuberとして一定の結果を出すことができたのも、この「運」を引き寄せる方法を身につけ、タイミング良くチャンスをつかんできたことが非常に大きかったと感じています。

弁護士として、事務所を全国に多店舗展開するほどに成長できたのも、この「運」の力を身につけ、タイミングよくチャンスをつかんできたことが非常に大きかったと感じています。

弁護士として、多店舗展開できるほど成長できたのも、他の弁護士事務所がまだ本格的に取り入れていなかったWebマーケティングの手法をタイミングよく取り入れ、ちょうどそれを求めていた社会と化学反応を起こすことができたからです。YouTuberとしてたくさんの方々にフォローしてもらえ、再生回数を伸ばせたのも、その時どきで話題になるニュースをタイミングを逃さずに動画配信したり、ショート動画というトレンドを正しいタイミングでキャッチしたりしているからです。

では、どうすればチャンスをもれなくつかめる「強運体質」になれるのでしょうか。

「強運体質」なるためのキーワードは、「上向き」「外向き」「前向き」です。この3つの向きのマインドセットを持って日常生活を送ることができれば、仮に社会のうねりや人の流れが自分にとって不利なものであっても、その状況を逆手にとって自分に有利な状況を生み出すことができるので、チャンスがつかみやすくなります。

運を味方につける、「3つの向き」とは？

「上向き」「外向き」「前向き」とは具体的にどういうことなのか説明していきましょう。

1　上向き：常にチャンスを期待して探しているか

当たり前のようですが、チャンスは、探している人のところにしかやってきません。仮にやってきたとしても、常日ごろからチャンスを探している人でないと、それがチャンスだと気付けないか、仮にチャンスだと気付けたとしても、正しいタイミングでつかむことができません。「幸運の女神には前髪しかない」という有名な言葉があります。チャンスは、つかむべきタイミングでつかまないと逃げてしまい、二度はやってきません。まずは心にスイッチを入れて、常日ごろから「何かチャンスが降ってこないかな」と上を向く意識を持つようにしてみてください。

2　外向き：見慣れない出来事に対してオープンか

予期していなかった出来事が急に起きたとき、人は本能的に恐ろしさを感じて立ちすくんでしまうことがあります。その環境が自分にとって望ましいかどうかに関わらず、慣れ親しんでいるほうが人にとっては心地良く感じるからです。これはいわゆる「コンフォートゾーン」と呼ばれるものです。コンフォートゾーンにいる限り、穏やかで変化のない状況が続きます。

もちろん、そういった環境に身を置いて心を休めていくことが大切な時期もあります。しかし、挑戦していきたいというときは、あえて恐怖心に逆らい一歩前に踏み出してみると、想像以上に世の中はチャンスに満ちていることに気が付きます。

3 前向き…過去に執着せず、いまを手放して進めるか

チャンスは、過去にはありません。常にいまよりも前にあります。過去の成功に囚われず、失敗に引きずられず、いまよりも前に進んでみようという意識でいると、チャンスを手にしやすくなります。

過去の嫌だった出来事を思い出してモヤモヤして、時間を浪費してしまっていることはありませんか？ 時間は前にしか進みません。変えられない出来事にいくら頭を悩ませても、チャンスを手にできないのです。

次のページのチェックシートで日ごろの自分は「3つの方向」で運を味方につける行動ができているかどうかを確認してみましょう。

3つの向きからみるあなたの「運」の【引き寄せチャート】

あなたの心は……

1 上向き：常にチャンスを期待して探していますか？

YES　NO

NO → ✕「運」に気付けてません。

2 外向き：見慣れない出来事に対してオープンですか？

YES　NO

NO → ✕「運」が離れていきます。

3 前向き：過去に執着せず、いまを手放して進めますか？

YES　NO

NO → ✕「運」をつかめません。

○ あなたは「運」に気付いて、「運」を引き寄せ、「運」をつかめます。

人間の防御本能に逆らったほうが、チャンスが生まれることがある

チャンスは基本的に異質なところにあります。チャンスとは、別の言い方をすれば、足し算ではなくかけ算を起こすことができるもの。10＋10＝20ではなく、10×10＝１００のように、爆発的な力で化学反応が起こす関係性、それがチャンスです。

ただ、人間はそうした異質なところに足を踏み入れることを本能的に躊躇する傾向にあります。生物の授業で習った人もいると思いますが、これはいわゆる「ホメオタシス」、恒常性とも呼ばれるものです。変化が起きることを体が拒み、ある一定の状態を維持しようとすることを言います。

何か変化が起きようとしているとき、パッと反作用が起こるのもその例で

す。新しいことを始めようとしても、後ろに引き戻されてしまう。その力に素直に従っていると、三日坊主で終わってしまいます。

例えば、グルテンフリーダイエットを始めた場合、しばらくするとダルくなり、いつもの生活にぐっと戻されたりします。ホメオスタシスは、体にとっては悪いことではありません。異質なものを拒絶する力があるから、病気と戦うことができたりするのです。

ただ、チャンスをつかむという点で言えば、自分の中の通常ルートから外れて、異質なものと接することで化学反応を起こさないといけません。ぬるま湯から抜け出さないと、新しいものに出会えないのですから。

ときに通常ルートをたどる正攻法から逸れたところに成功が潜んでいる、ということを教えてくれる例として、イソップ物語の「北風と太陽」の寓話があります。旅人の着ものを脱がせるためには、冷たくて強い風で吹き飛ばすのが手っ取り早い正攻法のように見えますが、結果的には、太陽で照らして本人に脱がせるほうが早くて効率的だった、というお話です。

チャンスを呼び込むには、同じように通常ルートから逸れる発想が必要です。チャンスを得るだけでなく成功をつかむためには、日常を捨てて新ルートを進むくらいの覚悟が必要ですが、人間の本能に照らしてみると、捨てるという行為には「恐怖」や「不安」といった抵抗心が必ず生じます。それを乗り越えられないと、結局は現状維持のままチャンスを逃してしまいます。

私が弁護士として成功している経営者の方などとお話しする際によく感じることですが、チャンスをつかむことが上手な人は、現状と未来のトレードが本当に上手です。未来を得るために現状を捨てるというトレードオフによって、軽々と次の次元に進んでいく人が多くいます。

そこで、今回、そういった運がいい人の特徴や、私自身の経験をもとに、運を上向きにできるトレーニング法をまとめました。

日々の生活の中から、チャンスを探してみよう

では、ここからは運を味方につけるための具体的なトレーニング法をお伝えします。

まずは、常にチャンスを期待して探す（上向き）です。

このトレーニングのポイントは、チャンスを探す目的で、あえて自分とは違ったポジションからの情報をつかみに行く、ということです。

接点を持つ人や言葉の幅を増やすのが目的です。いまの自分のルーティーンから、あえて少し外した行動をしてみるのがオススメです。

ポイントは、「チャンスを探す目的で」行動するという点です。漫然と過ごしていたら、ふわっとした情報しか得られません。例えば、ただなんとなくテレ

ビを見ていたら、それは暇つぶしにしかなりませんが、構成作家さんが勉強のために見ていたら、進行や演出方法など、さまざまなことに気が付けますよね。目標がしっかりあって、チャンスを探す意識があれば、仮にネガティブな出来事が起こったとしても、光の当て方でそれをポジティブに変えられ、ピンチをチャンスととらえることができるようになります。

チャンスを探す目的で、異業界の「文章」を読む、「動画」を見る

これは、チャンスを得るために目と耳の両方を働かせよう、というワークアウトです。目にする文章は何でも構いません。書籍や新聞でもいいですし、ブログやSNSでもいいです。

異業界の文章に触れると、これまで目にしたことのないような言葉にたくさん触れることができます。異業界という点が重要です。例えばTwitterでも、意識をしないと、似たような業種や世界観、考え方の人たちを無意識に

フォローしてしまい、知らず知らずのうちに思考が偏ってしまうことがよくあります。これは一見心地良く感じるかもしれませんが、世界との接点を自ら狭めてしまっているのです。

自分とはできるだけ離れた業界の情報に触れる環境をつくるだけで、いままで見えてこなかったチャンスが見えるようになります。

チャンスを探す目的で、異業界の「人」をフォローし、生で会う

気になった人がいたらSNS上でフォローするのでも構いません。なんとなく、異業界の人の情報を継続的に集めてみましょう。私は、これまでチャンスにつながったという話を多くの知り合いから聞いています。

実は私は、特に交友関係が広いというわけでも、人脈を形成するために異業種交流会に頻繁に足を運ぶというわけでもなく、基本的に、永田町の事務所に

ずっと引きこもっています（笑）。そんな私ですが、あえてチャンスをつかむ目的で「変人アンテナ」を張るようにしています。「変人」というと少し聞こえは悪いですが、そのアンテナを張ることで自分とは異なる領域に軸足を置いている人がいたら、その人から、情報を入手することができます。業界だけでなく、年齢層や社会的なポジション、性別、国籍など、とにかく自分と違う人から入ってきた情報に対してオープンになると、ぐっとチャンスが広がります。「人脈」というと、どこかの企業の社長だったり、政治家だったり、役人だったりと社会的なポジションの高い人とつながっていることが有益と考えるかもしれませんが、必ずしもそれだけではありません。

私の場合はむしろ、社会のメインストリームから外れた人、就職戦線からドロップアウトした人、趣味に没頭しすぎた人、異国育ちの人、自分より一世代も二世代も下の若者といった、自分とは違ったポジションの人からのほうが、多くの気付きと示唆、そしてチャンスをもらえました。

また、気になる人がいたら、状況が許せば、フォローするだけでなく、アポを取って直接会ってみることが大切です。実際に相手を目の前にして話すと、その人の話しぶりや周囲の環境など、想像以上に得られる情報が増えるのでオススメです。

アンテナを広げることで、業界内ではごくごく当たり前だと思っていたスキルが、別の業界ではものすごく重要視されることを知ることができます。業界を変えるだけで、自分を差別化することができるのです。そういう意味でも、他の業界の視点を持っておくことは非常に有効です。

現に、弁護士としてはごく当たり前だと思っていた私の法律知識も、YouTubeという世界では大きなニーズがありました。これも、弁護士業界の外に出てみなければ分からなかったことでした。

まずは左のワークで「運」を味方につけるための行動をチェックしていきましょう。

「運」を味方につける3つの向きのチェックシート

CHECK：01 常にチャンスを期待して探す（上向き）

- □ チャンスを探す目的で、異業界の「文章」を読む、「動画」を見る
- □ チャンスを探す目的で、異業界の「人」をフォローし、生で出会う
- □ チャンスを探す目的で、「働く場所」を変え、「住む家」を変える

CHECK：02 見慣れない出来事に対してオープンになる（外向き）

- □「耳」で聞いた怪しい話を排除せず、次は「目」で中を覗いてみる
- □ 何かを選ぶ際、なじみと新規で迷った時は、必ず「新規」を選択する
- □ 新規の銘柄に迷った時は「A or B」ではなく「A and B」で両方試す

CHECK：03 過去に執着せず、いまを手放して進む（前向き）

- □「収集」したもののうち、8割は不要と割り切って「断捨離」する
- □ 口座の中の「現金」を、未来のための「経験」や「投資」に変える
- □「迷ったら次に進む」というマイルールを設定する

世代の違う人とも付き合って、自分の固定観念を崩す

チャンスを探す目的で違う世代の人と付き合ったり、いつも行く場所を変えてみることで新たな情報や価値を得ることができます。

例えば、いつもとは違ったお店に行って、違ったメニューを食べてみる、といったことからスタートしてみるのもいいと思います。初めて行ったお店で意外な話を聞けるかもしれませんし、食べたことのないメニューに思わぬ刺激を受けるかもしれません。もし、会社的・職業的に許せば、テレワークをしてみるなど働く場所を変えてみたり、住む場所を変えてみるというのも、ひとつの手です。環境を変えると想像以上に入ってくるチャンスが変わってきます。

「付き合う人」という観点から言えば、世代の違う人と交流することは非常に

重要です。私は弟が人いるのですが、彼らから得たものが、私の人生の要所要所の選択に影響を与えています。例えば、５つ年下の次男はインターネットの会社を経営しているのですが、彼は中学1年生くらいのときからパソコンをいじっていました。「あれ？　コイツがこんなにいじれるんや」と驚き、「それなら自分も」と考えたことがインターネットに触れる大きなきっかけになりました。自分自身の固定観念を壊すために、世代の違う友人や会社の同僚・部下、年下の兄弟と定期的に付き合い、話をしてみることは、新鮮な情報が入ってくる可能性を高めます。

私のＹｏｕＴｕｂｅのフォロワーのほとんどは、20代～30代の若い世代です。Ｔｗｉｔｔｅｒでは、いろいろな批判や意見をもらったりしていますが、私は基本、悪質なスパム以外はブロックしないようにしています。いろいろな方の意見を聞くことが刺激になると思っていますし、私のＹｏｕＴｕｂｅを見た人が自由にコメントをくれるのも嬉しいです。

私は現在44歳なのですが、40代の大人がコメント欄で若者の生の声が聞けるというのはすごく素晴らしいことだと思っています。1回の動画で、多ければ1000〜2000人のコメントをもらえるというのは、とてもありがたい状況です。逆に若者側からしたら、私の存在は声を届けられる40代の大人というポジションになります。そういう意味では希少価値があると思っています。何か他の大人に相談できないようなことを話してくれるというのは、ありがたいポジションにいるな、と思います。

あと、私は趣味でトライアスロンをしているのですが、トライアスロン仲間のある企業の幹部で、「あえて自分が最下位になるようなグループに入りたい」という人がいて、そういう考え方は面白いな、と思いました。

普段は企業の幹部なので俯瞰するほうが多いと思うのですが、あえていろいろな角度から物事を見ることを意識しているようです。

自由に旅行に行けるようになったら、海外旅行に行くのもオススメです。海外に行くと、いままでの自分がいかに小さな価値観で生きてきたかが分かります。自分の視野を大きく広げることができると思います。

「人付き合い」「場所」……。「なじみ」にはチャンスはないと心得よう

耳で聞いた話で「ん?　それ、何だ?」と不思議に思ったり、違和感を感じたりすることがあると思います。

ただ、人は無意識のうちに、一度聞いて理解できなかった出来事は記憶の中から排除してしまいます。日々たくさんのことを処理しないといけないので、耳慣れない話は聞かなかったことにしてしまうか、理解できなかったとしても放置してしまいます。でも、「怪しいかな?」「何だろう」と思ったら、むしろそこにはチャンスがあるかもしれません。もちろん、本当に怪しい話もあるので、「全面的に信じろ」と言うわけではないのですが、もう一歩踏み込んでみると、新しい世界が開けるかもしれません。

また、耳から入ってきた話は伝聞であることもあります。伝聞の情報は、良い悪いにかかわらず誰かのフィルターを通しています。百聞は一見にしかずと言いますが、実際に目で見て一次情報に直接触れてみると、まったく世界が変わります。情報がとても立体的になります。

例えば、2014年ごろに、インターネット関連の勉強会で知り合った人と一緒に、中国の深圳に行ったときのことです。以前から、「深圳がアツい」という話はよく耳にしていました。いまでこそ深圳は「紅いシリコンバレー」などと呼ばれ、世界的に大きな注目を集めていますが、当時は日本のメディアもノーマークで、記事などの情報もありませんでした。ですが、実際に深圳を訪れ、現地の人の話を聞くと、その発展ぶりが鮮やかに理解できたのです。そこで体感したのが、世界的なスマートフォンの波でした。スマートフォンによる大きなゲームチェンジが起きていることを肌で感じ、その後の私のデジタル戦略に大きな影響を与えました。

ちなみに、インターネット関連の勉強会で知り合った人も、先にお伝えした、私の「変人アンテナ」に引っかかった人でした（褒め言葉です！）。そういう自分とは違ったポジションにいる、自分とは違う考えの人が、思わぬチャンスを連れてきてくれることがあるのです。

なお、前述のインターネット関連の勉強会は、弁護士として独立した後に、デジタルハリウッド大学のコースを受講したことで出会いました。デジタルハリウッド大学のコース自体は自分に合わなかったため、半年ほどでやめてしまいましたが、勉強会のメンバーとはいまでも交流が続いています。

何かを選ぶ際、なじみの一品と新規で迷ったときは、必ず「新規」を選択するのがオススメです。これも、私が実践しているマイルールのひとつです。

例えば、旅行先に迷ったら、必ず行ったことがないほうを選択しています。そのほうが、それまで体験できなかった面白いことを体験できるかもしれませんし、想像もしていなかったようなものに出会えるかもしれないからです。こういう自分の想像を超えるような、考えもしなかったような新しいものこそがチャンスを連れてきてくれるのです。

二酸化マンガンと過酸化水素水を混ぜると、化学変化が起きて酸素が出ますが、永久に出続けるわけではないですよね。混ぜた直後に、一定の量がぶくぶくと出ますが、化学反応が終わってしまえば終わりです。

なじみの場所というのは、すでに化学反応が終わってしまっているんです。そこには、それ以上のチャンスはありません。また化学変化を起こしたいと思ったら、別の新しい何かと掛け合わせるしかありません。

余談ですが、実は私、パクチーが苦手なのですが、お店で見つけたら、あえて注文するようにしています。パクチー好きの人って、お皿にパクチーを山盛りにして食べたり、ちょっと驚くような食べ方をしますよね。それを見て、「パクチーを食べられるようになったら、パクチーの向こう側が見られるんじゃないか」って(笑)。

普段からこういうトレーニングをしておくことで、新しいことにチャレンジする際に起こる抵抗感を少なくすることができます。それでパクチー嫌いがどうなったかですか?　いまも好きではありませんが、慣れました(笑)。

現状の8割は捨てよう！目標達成に不要なものは整理しよう

これは、チャンスを得るために、「もの」や「カネ」、自分の経験への執着を捨てる訓練です。

現代って、本当にものがたまりやすいですよね。資料、本、服、写真、思い出のものなど。でも、古いモノでいっぱいのところには、新しいチャンスがはいってくる余地がないのです。それに、ものには何かしら過去がくっついています。昔は大事にしていたけれど、ここ数年は袖を通していない服、読み終わってしまった本や資料、趣味のグッズなど。みんな、現在より過去にあなたと共にあったものです。なりたい自分になった未来のあなたに必要なものでしょうか？

心を鬼にして、**現状の8割減を目指して捨てましょう。**

捨てる基準は「目標に必要かどうか」。

目標は常にアップデートされるものです。過去に目標達成に必要だったもの(すでに合格した試験に使った参考書や、痩せる前に着ていた服など)を、思い出として取っておく人がいるのですが、これは思い切って処分したほうがいいです。新しい目標達成には、不要なものですから。

使い終わったら、メルカリやリサイクルショップで売ってしまうというのも一つの手です。捨てる罪悪感を減らすことができます。

あとは、もう「迷ったら、捨てる」(笑)。迷ったものは、おそらく、その先、二度と使うことはありません。

私が弁護士として普段接する成功者の中にもミニマリストが多くいます。

私は税理士としても登録しているのですが、断捨離は簿記の法則にも通じるところがあります。何かを捨てたら、必ず何か新しいものがはいってくる。必ずプラスマイナスがゼロになる。必ずバランスが取れるのです。スピリチュアルみたいなことを言うつもりはありませんが、チャンスを呼び込みたいと思っているのなら、断捨離はかなり効果的です。

「ものを捨てられない」ということは、現状にしがみついている証拠。

経営学の用語で「サンクコスト」というものがあります。これは、すでに時間や労力、お金を投資してしまって、取り返しがつかないものに対して、人間はいつも以上に価値を感じてしまう、というものです。

仮に、それがすでに立ちゆかなくなった事業だとしても、方向転換ができなくなってしまう。株式取引で言うところの、いわゆる「損切り」ができなくなってしまう状態を示しています。

例えば、恋人がいて、その人は借金をつくるし、仕事をしようともしない。その上、浮気もするし、暴力を振るうことがある。別れるべきだと分かっているけれど、一緒に過ごした数年を考えると、別れられない。ゼロベースで考えれば、絶対に付き合わない相手なのに。でも、過去を思って別れられない……。これが人に当てはめた場合のサンクコストです。

断捨離できない人は、常に「いまだったら自分はどうするか」を考えると良いと思います。「あのとき、高いお金で買ったから」などといったことは、一回リセットする。そのうえで、いま目の前にその商品があったら、あなたは一万円で買うか買わないのか。もし買わないのなら、捨ててしまいましょう。それは過去のあなたに必要だっただけのこと。現在のあなたには不要ということです。

過去の自分の選択や費やした時間、かけた費用と照らし合わせるのではなく、未来の目標から逆算してものを持ちましょう。古いものを持ったままでいると、体が重くなります。運や時代の力を利用して、ブーストして目標達成するためには、素早く、高い瞬発力で、社会の動きに反応していかないといけません。最適なポジションチェンジのためには、身軽でいることが極めて重要なのです。

新しいものを取り入れたいから捨てる、というよりも、捨てたら新しいものを入れざるを得ない。目標から逆算して、社会の中のうねりに上手に乗っていくために過去を捨てる。断捨離というと捨てるイメージですが、自分をアップデートしていくというイメージに近いです。新しい自分にとって、必要かそうではないか、という判断基準でいると良いと思います。

実は、私はストレージの利用に対しても消極派です。パソコンやスマートフォンの中に、いろんなファイルをため込んでいませんか？　ストレージに情報が詰め込まれると、どうしても気持ちがそちらに割かれてしまいます。

スマートフォンで例えれば、たくさんのアプリがバックグラウンドで動いている感じ、というと分かりやすいでしょうか。新しいモノが入ってきたときに、そこに集中できなくなってしまいます。思い切ってストレージ内も断捨離すると、すごくスッキリしますよ。

究極的には、私は食べるものや貯金も減らしたほうがいいと思っています。いまの世の中、あらゆるものが過剰だと感じています。いろいろなものを減らしていくことで、研ぎ澄まされた感性を手に入れることができます。

小さな成功体験を積み重ねて、運が良い毎日を体感しよう

「迷ったら次に進む」というマイルールを設定して生活に適用する。

これも私が実践していることです。何かに迷ったときは、前に進む。現状維持か変えるか、で迷ったら、変えてみる。

例えば、新しい仕事のオファーをもらったら、とりあえずやってみる。

「失敗しちゃうんじゃないか」

「自分にはまだ早いんじゃないか」

「プライベートとの両立が難しくなるんじゃないか」

などと迷うかもしれません。

もちろん、重要な選択はさまざまな要素を考慮して考えるべきですが、ただ

間違いなく、現状を変える方向に進んだほうがチャンスの量は多くなります。

私はYouTubeの動画のスタイルを、これまで恥ずかしいくらいに何度も変えてきました。動画のタイトルも変わりましたし、最初は蝶ネクタイにタキシード姿でした（笑）。背景、撮影の仕方、編集の仕方、生配信か撮影か、衣装等々、これまで6〜7スタイルほど変えて、現在のスタイルに落ち着きました。

変えるか変えないかで迷っているときは、たいてい現状のままでいる方が楽なんですね。そのため、つい何もしない方を選んでしまいがちになります。だからこそ、**「迷ったら次に進む」**をマイルールにしておくことで、いざというときもチャンスがあるほうを選択できるようになります。

実際、私がYouTubeを始めたときも、法律事務所のスタッフの中には反対する人がいました。「弁護士としてイメージが悪くなってしまうのではないか」といった理由でしたが、私にはまったく迷いはありませんでした。変えるか変えないかだったら、変えたほうがチャンスが多い。私はいつも、そちらのほうに賭けることにしています。

ここまで紹介した運を味方につけるトレーニングは、最初は、「難しい」と感じるかもしれません。でも、「上向き」「外向き」「前向き」のほうが運が良くなるということを念頭に生活してみて、小さな成功体験を積み重ねるうちに、だんだん成果を実感できるようになってきます。

例えば、一輪車でもスキーでも、重心を調整しながら前に進むことが求められるスポーツでは、初心者は必ず後ろに重心が残った体勢でバランスを崩してしまいます。これも、人間の防御本能に基づく自然現象なんですね。

ただ、意識してしっかりとトレーニングを積めば、一番効率的で正しい体勢である「進行の方向に重心を預けた前傾の体勢」が取れるようになります。

運を味方に付ける「上向き」「外向き」「前向き」の志向性も、意識して生活し、トレーニングを続けることで、小さな成功体験が積み重なり、コツをつかめるようになっていきます。

大切なのは、**自分の思考の「癖」を正しいものと思い込まずに、より効率的・効果的な結果を出している人のスタイルをマネすること**。

日々の意識と行動の修正で、「最初は怖くて抵抗感があったけど、騙されたと思って言われた通りにやってみたら、結果としていつもより上手くいった」という成功体験を積み上げていくことこそ重要なのです。

このワークアウトを実践していくと、はじめのうちは違和感があるかもしれません。ですが、しだいに運が上向いていくのを実感できると思います。

さて、運を味方につける方法が分かったところで、次はいよいよ目標達成に向けて動き出しましょう。

STEP 3

最短で夢を叶える逆算の魔法

目標到達までの「積み上げ式」と「逆算式」の違いとは？

さて、目標がはっきりし、運を味方につけるライフスタイルが身についたら、いよいよ実践パートです。

目標を達成する方法には大きく分けて【積み上げ式】と【逆算式】の2つのルートがあります。では、この2つはどのように違うのでしょうか。

【積み上げ式】は、スタートからゴールに向かって実力を積み上げていき、そのときそのときの課題をクリアしていくというものです。これに対して、【逆算式】は、ゴールから逆算して、ゴールとの関係で必要な課題を見つけ出し、その課題をゴールとの関係で必要な限度でクリアしていくという方法になります。例として「仕事でアメリカ人と取引できる程度に英語を話せるようになりたい」というテーマで比較してみましょう。

【積み上げ式】の場合

①基礎単語暗記
↓
②文法
↓
③リスニング
↓
④スピーキング

【逆算式】の場合

①まずネイティブと話してみる
（ゴールから現状を確認）
↓
②ボキャブラリーが足りないなら単語学習、
リスニングが苦手ならリスニング、
文法を間違えがちなら文法学習
（課題を明確にしてつぶす）

このように、**順番に積み上げて学習していく流れの【積み上げ式】に対し、最初に課題を明確にする【逆算式】のほうが、早く、効率的に目標にたどり着くことができます。**確かに、【積み上げ式】も積み上げていることで確実に前進している感覚になれるといった、それなりのメリットはあります。真面目な優等生タイプほど順当な【積み上げ式】を選びがちなのですが、効率性を考えれば【逆算式】のほうが優れています。

なぜなら、【逆算式】だと常に「目標から逆算する」という視点をもって自分の現状を把握することになるので、目標と現状との間にどのような障害物があるのかが明確に見えるようになるからです。クリアすべきターゲットが明確だと、それだけ脇道にそれる可能性も少なくなります。

これは日常生活の些細なことにも応用できます。例えば、「絶対に痩せるぞ」と意気込んでダイエットを始めても、目標と現状の差が明確にできていないと、序盤で無理な断食をしたり、必要以上にハードな運動をしてしまったりして、結局は途中で挫折してリバウンドしてしまいます。誰もが似たような経験をしたことがあるのではないでしょうか。ですが、目標を明確にして目標から逆算したプランを立てることができれば、全体像が明らかになってバランスが取りやすくなるので、そういった失敗も少なくなると思います。

遊園地にある巨大立体迷路に例えると、【積み上げ式】の場合はそのまま正面から入るタイプ。確かに、トライ&エラーを繰り返せば、いつかはゴールにたどり着けるかもしれませんが、何度も道に迷いますし、そもそもゴールがどこにあるのか、いくつあるのかも分からない。精神的にも不安で、足を止めてしまいたくなるかもしれません。

一方、【逆算式】はこの立体迷路を、空から見てからトライするようなもの。大体どのあたりに出口があって、自分との距離がどれくらいあるのか分かっていれば、ゴールするのはそれほど難しくないですよね。同じ迷路に挑むとしても、難易度は格段に下がります。【逆算式】で目標に取り組むのも、それに近いところがあります。

失敗だらけの司法試験受験から見えてきたもの

私が当時、日本最難関の試験ともいわれていた司法試験に高卒から合格できたのも、この【逆算式】を身につけたからでした。

司法試験は改正が行われ、2006年から法科大学院（ロースクール）を卒業するルートができ、難易度が下がったと言われているのですが、私が合格した旧制度の司法試験は、合格率が数％しかない超難関試験でした。もちろん、高卒でチャレンジする人はほとんどおらず、周囲のフリーターの友人に司法試験の話をしたときも、イタい人を通り越して、ちょっとヤバい人と思われるほどのぶっ飛んだ挑戦でした。司法試験は一次試験と二次試験に分かれており、一次試験ではいわゆる一般教養、二次試験で法律に関する試験が行われます。

一次試験は大学3年生以上なら免除されるのですが、大学1、2年生でチャレンジする人や、私のような高卒の場合、一次試験からトライしなければなりません。正直、23歳で初めて司法試験にトライしたときは、「俺やったら初受験で一発合格できるんやないか」と思っていたのです。もともと学生時代から要領が良く、勉強もそれなりにはできるほうだったので、いまから振り返れば完全な「井の中の蛙」ですが、当時は身の程知らずで軽く考えていたのですね。

しかし、蓋を開けてみると、23歳で勉強を始めた直後に受けた一次試験が不合格だったときは、「まあ、本試験の雰囲気を感じるために試しに受けてみただけだし、仕方がないか」と思ったのですが、翌年も一次試験で不合格だったときはさすがに落ち込みました。

そのとき、どんな勉強法をしていたかというと、コツコツと参考書を読み込んでいく【積み上げ式】の学習をしていたのです。でも、それではまったく歯が立ちませんでした。当時の私は、演習問題から逃げていたんです。結局、やってもほとんどできないので、「まずは参考書を読み込んで、知識を詰め込むことが大切だ」思い込んでいたのです。でも、そこに問題はありました。

「このままじゃまずい」と、私が取り組んだのは過去問題の研究です。とにかく何十年分も過去問を解いて研究し、自分が苦手な分野の演習問題に集中的に取り組みました。そのときは司法試験もすでに5回目のチャレンジにさしかかっていました。回り道をしてしまいましたが、過去問を研究し、自分の課題に徹底的に向き合う逆算の学習を取り入れ、ようやく成果が上がることに。最終的に、当時の合格までの平均年数が7年だったところを、5年で合格することができました。みなさんは私のように回り道せず、ぜひ最短ルートで目標を達成してください。そのために、私が失敗を続けて得た逆算ノウハウを共有したいと思います。具体的なステップは次のとおりです。

①目標を正確に把握する
②現状を正確に把握する
③目標にたどり着くまでの課題を抽出する
④項目ごとに細分化して取り組みやすくする

最短ルートで目標にたどり着く方法

では具体的にどうすればいいのかについて説明しましょう。

1 目標：目標を数字や固有名詞で把握しているか

目標からゴールを逆算するためには、まず目標を具体的に把握することが重要です。例えば、

「TOEIC800点」

「ファイナンシャルプランナーを取得する」

というように具体的な数字や資格試験名、狙いたいポジション名が入っているかどうかをチェックしましょう。ここでいかに目標を具体的にできるかが、

その後の目標達成に大きく関係してきます。

2 現状：いまの自分の実力を正確に把握しているか？

次に、自分の現状を正しく把握しましょう。大抵の人は、自分の現状を過大に評価しているか、過小に評価しているかのどちらかです。

「自分の現状と比べて目標が高すぎる」というのは何の問題もありませんが、「自分の現状を正しく把握できていない」というのは非常に問題があります。なぜなら、現状が正しく把握できていないと、目標を達成するための課題が浮き彫りにならないからです。

例えば、同じＴＯＥＩＣ８００点を目標にするにしても、いまのレベルが２００点なのか、６００点なのかによって、勉強の内容や頻度、方法が大きく異なってきます。現状を正しく把握するためには、未経験でもまずは実戦で試してみるのが一番です。勉強であれば時間を測って過去問を解いたり、スポーツであれば目標としているレベルの人の胸を借りて、自分がいかに目標からほど遠いか、いまの自分の実力を正確に把握しましょう。

3 課題：目標と現状の差を埋めるための課題を把握しているか。

目標と現状が正しく理解できたら、残りは簡単です。目標と現状の差を埋めるための課題が、自然と見えてくると思います。目標を決めるときは、自分の強みが活きる分野を選ぶ必要がありますが、この過程では徹底的に自分の弱点をあぶり出す必要があります。自分の現状が弱々しく、弱点だらけだったとしても、落ち込む必要はありません。この過程で多くの弱点が見つかったということは、それだけ取り組むべき課題が明確になったということです。成長の「伸びしろ」があるということなので、これからがとても楽しみです。

これらを踏まえて次のページのワークをやってみましょう。

「目標」達成のためのワーク

あなたの目標は何ですか？

1 目標 ：目標を数字や固有名詞で把握していますか？

YES　NO

NO → ✕ 目的が不明確です。

2 現状 ：いまの自分の実力を正確に把握していますか？

YES　NO

NO → ✕ 現状認識が不明確です。

3 課題 ：目標と現状の差を埋めるための課題を把握していますか？

YES　NO

NO → ✕ 課題が不明確です。

YES → ○ **課題をクリアするだけで、**
現状から「目標」に近づいていけます。

夢を叶える「目標達成シート」

では、実際に、逆算で目標達成へのルートを考えてみましょう。

これには、目標達成シートを活用してみるのが便利です。そこでオススメしたいのが、「マンダラチャート」と呼ばれるものです。メジャーリーガーとして活躍する大谷翔平さんが高校時代から活用していたことでも知られています。

具体的には、中心に実現したい目標や夢を書き、その周りの8マスに、これを実現するための要素を書きます。さらに、その8要素を実現するための項目を8つに細分化し、合計81のマスを埋めていきます。

こうして目標を細分化して見える化することで、まずは何から取り組めばいいのか、計画を立てやすくなります。

では、さっそくやってみましょう。

「TOEICで800点を取る」という目標を例に考えてみます。P114のマンダラチャートにあるように、中央に記入する目標は、数字や固有名詞が入った、具体的なものであるといいでしょう。

まず、TOEICで800点を取るために、何を身につけることが必要でしょうか？　思いついたアクションを書き込んでいきます。難しく考えすぎず、思いついたものを書いていきましょう。ここでは「リスニング力」「速読力」「文法知識」「語彙力」「試験慣れ」「モチベーション」「メンタル」「集中力」と8つ書き出してみました。

次に、その8つの要素ごとに、さらにやるべきことを細分化していきます。例えば、「語彙力」を上げるために、私が必要だと思ったのは次の項目です。「単語集1冊の全暗記」「Quizlet（クイズレット）で隙間活用」「睡眠前15分記憶」「間違えた単語を反復」「公式問題集の初見単語暗記」「本試験の初見

単語暗記」「英News初見単語暗記」「映画の初見単語暗記」

このような形で、他の項目も埋めていきます。81マスをすべて埋められなくても、もちろん大丈夫です。これはあくまで、目標達成のための道筋を考えるための思考のフレームだと考えてください。マスを埋めることに労力を使いすぎて、疲れ切ってしまっては元も子もありません。ただ、あまりにも埋める項目が思いつかないという場合は、目標について、あまりよく把握していない可能性があります。

その場合は、また「目標実現のためのチェックシート」の1に戻り、目標となるロールモデルに話を聞きに行ったり、ロールモデルのブログやSNSをチェックするなどして、具体的に目標を達成するまでに何をしたいのか、自分がいまいる場所からなら、達成するまでにどんな条件があるのかを確認してみましょう。

TOEIC800点を目指す「マンダラチャート」

ディクテーション	シャドウイング	公式問題集と同速度で音読	1問毎に時間を計測	Part6~7を精読せず解く	Part7を1問1分で解く	公式問題集の解説を読む	誤答問題の解説を精読	解説書1冊を随時参照
Part3~4の問題先読み	**リスニング力**	Part2の1語目聴き取り	Part6を6分で解く	**速読力**	Part5~7を75分で解く	長文の文構造を確認	**文法知識**	Part5~6で品詞を理解
会話のシーンを想像	音が繋がる文を音読	YouTubeに英字字幕	英字Newsを速読	英語本を速読	語彙強化	ディクテーション	毎日英字News読む	語彙強化
単語集1冊の全暗記	Quizletで隙間活用	睡眠前15分記憶	**リスニング力**	**速読力**	**文法知識**	公式問題集全冊1周目	計画して定期で受験	公式問題集全冊2周目
間違えた単語を反復	**語彙力**	公式問題集の初見単語暗記	**語彙力**	**TOEIC 800点**	**試験慣れ**	公式問題集全冊1回2時間	**試験慣れ**	問題集以外の公式本
本試験の初見単語暗記	英News初見単語暗記	映画の初見単語暗記	**モチベーション**	**メンタル**	**集中力**	L&R前の公式問題集全冊	貸し会議室で2時間模試	試験会場に事前訪問
目標を机に貼る	勉強計画を立てる	達成時のご褒美設定	Part1~4ミス忘れる練習	Part5の1問30秒練習	公式問題集1回2時間で全答練習	ページ毎に時間計測&記録	Part7の1パッセ2分解答	Part7の2パッセ3分解答
1日の目標達成でご褒美	**モチベーション**	1週の目標達成でご褒美	空欄の解A~Cで固定	**メンタル**	騒音の近くで公式問題集2時間	Part7の3パッセ5分解答	**集中力**	スマホの電源を切る
公式問題集得点シート作成	恋人·家族に状況報告	同レベルの仲間つくる	暑いor寒い中で公式問題集2時間	睡眠不足時に公式問題集2時間	週末金曜夜に公式問題集2時間	毎日6時間以上暗室で睡眠	当日早め入場でトイレ	試験直前に糖分摂取

「マンダラチャート」は目標達成までの地図

マンダラチャートで項目ごとに細分化すると、「何から始めればいいんだろう?」と思っていた人も、意外にたくさんやるべきことがあることに気が付くと思います。

目標を細分化することで一つひとつに取り組みやすくなり、課題をクリアするごとに、小さな達成感を感じるようになります。するとモチベーションも高まり、次の細分化した目標に取り組むスピードも上がってきます。いままで思い浮かばなかったようなアイデアも出やすくなり、階段を上るように目標に近づくことができるようになります。

また、目標達成に向けて動いていると、つい「次は何をすればいいんだろう？」と迷子になってしまうことがあります。そんなときも、このマンダラチャートを見返せば、「あ、これをやればいいんだ」「まだこっちをやっていなかった」と再確認できます。マンダラチャートは目標到達への地図のようなもの。できれば、月に一度、「マンダラチャート見直しの日」をつくるといいと思います。なぜなら、目標は常にアップデートされていくものだからです。自分が成長するにつれ、自分と目標との差分も変わってきますし、やるべきことも変わってきます。その都度、目標から逆算した観点で、やるべきことをチャートに落とし込むのが良いと思います。

左ページにあるマンダラチャートにすべて記入したら、コピーをして、部屋の目に付くところに貼ってみましょう。これも古典的ですが、自分で手を動かした目標を、目に付くところに貼っておくことで、STEP1でお話しした、脳のスクリーニング機能である「RAS」が働いて、意識が目標に向き、自然と目標達成に向けた行動ができるようになります。

記入用「マンダラチャート」

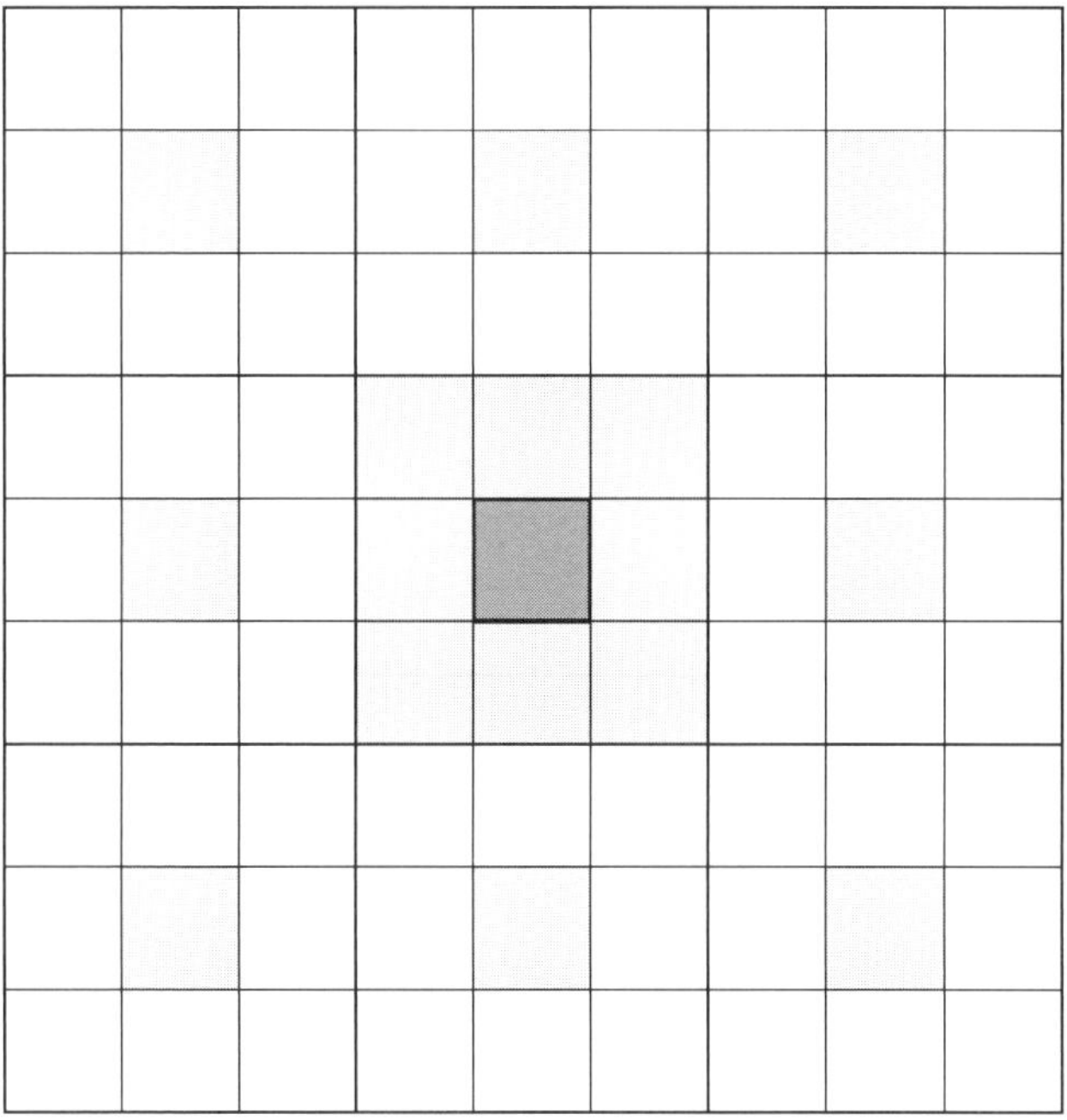

凡事徹底で世の中の上位1％の人材になる

マンダラチャートで目標と現状との差分がはっきり見えてきたと思います。そこで、みなさんにお伝えしたいのは、「凡事徹底の大切さ」です。いま、このマンダラチャートで書き出したことを、いかにしっかりと実践できるか。これが非常に重要です。逆に言えば、これができないがゆえに、自爆してしまう人を多く見てきました。例えば、フルマラソンで4時間以内に完走を目指すとします。現状は、まだ6時間かかる状態です。そこで、毎日走り込みをして、「月に200キロ走る！」と決めたとします。最初のうちは頑張って1日10キロのランニングをするものの、1週間、2週間と経っていくと「今日は雨が降っているから」「仕事で疲れているから」など、何かと理由をつけて気がつけば週1回軽くランニングする程度になっている。このようなパターンに陥る人を多く見てきました。私自身、過去に結果を出すことができなかった取り組みは、ほとんどがこのパターンでした。

実は、目標も現状も課題も正しく把握できているのに、結果が出ないというときは、ほとんどがこのパターンのように思います。自分で決めた当たり前のやるべきことが出来ていないだけ。正しく把握した課題に着手できるのは全体の1割。そして、そこから課題が解決するまで継続できる人はさらにその1割。あくまで感覚的なものですが、多くの人が当たり前のことを継続できずに、自らで脱落しているように感じるときがあります。ただ、ということは、把握した課題を正しく実行し、継続できれば、それだけで上位1％に入ることができることになります。上位1％といえば、世の中の大部分とは異なるかなり稀有な人材です。もし、あなたが世の中の上位1％に入ったら、格段に見える景色が変わります。しかも、そこにたどり着くには、**当たり前のことを当たり前に続けるだけ**。凡事徹底。これに尽きます。

忙しい社会人必見！岡野式最速学習法

先ほどのマンダラチャートは目標を細分化する例として紹介しましたが、実際の英語学習にも役立つようにつくりましたので、活用してもらえればと思います。私のTOEICのスコアは、直近でも925点を維持しているので、もし本気で英語を伸ばしたい人がいれば、学習の参考になるかもしれません。

ちなみに、チャートに記入した「Quizlet」とは、自分で単語帳が作れるスマホアプリです。暗記の際のポイントは、自分で暗記カードの文章を作成すること。教科書の文章をそのまま暗記するよりも、自分の頭でかみ砕いたテキストはより記憶に入ってきやすく、定着しやすくなります。

しかもこのアプリは音声機能で読み上げてくれるので、歩きながら単語を覚えることができます。オススメは、ルームランナーで歩きながら暗記すること。気が散りにくく、集中できるので、1時間あればかなりの単語が暗記できます。私も普段これを活用して英単語を覚えています。ワードやエクセル、CSVからインポートできるので、オリジナルの単語帳作成も楽にできますよ。学習法のポイントは、最初は過去問（TOEICの場合は公式問題集）の研究をして、徹底的に傾向を把握し、そこから逆算した学習をすること。徹底的に復習をくり返すことで、記憶を短期記憶から長期記憶にすることができ、定着を図ることができます。あとは、何より手を広げすぎないこと！　まずは一番メジャーな問題集を買ってきて、徹底的に復習をくり返しましょう。何冊も問題集をやって、「やった気持ちになる」のはNGです。それよりも、一冊だけを完璧に、間違いをしっかりとつぶしながらやったほうが、確実に成果を出すことができます。

次のページに「TOEIC」で300点アップを目標にした場合の肝となる8項目の考え方のシートを紹介するので参考にしてみてください。

300時間でTOEIC300点アップの【人生逆転メソッド勉強法】の肝 ①アウトプット超重視 ②ゴールから逆算 ③一点集中 ④コンスタント ⑤未来志向	
リスニング力	・公式問題集1冊分のディクテーションを徹底する。 ・基礎ができたら、とにかく公式問題集を繰り返す。 ・Part2の1語目の聴き取りを徹底する。 ・Part3〜4の問題と選択肢の先読みを徹底する。
速読力	・時間内で解く練習を徹底する。 ・全文を完璧に読まなくても正解できるようにする。
文法知識	・公式問題集を解く中で身につける。 ・文法の勉強をしてから公式問題集を解くのは絶対NG。
語彙力	・単語集の準備は1冊だけにする。 ・暗記ツールを上手く使う。
試験慣れ	・公式問題集をとにかく繰り返す。 ・基本的に公式本のみやる。
モチベーション	・目標の可視化をする。 ・スケジュールをつくる。
メンタル	・ミスを引きずらず、全問解くメンタルをつくる。 ・悪状況でも2時間完走できるメンタルをつくる。
集中力	・時間計測して記録する。 ・ゲーム感覚で楽しみ、徐々に速く、正解を多くする。 ・睡眠・食事のコントロールを徹底する。

STEP 4

何事も達成することに意味がある！自分を変える意識改革

数を試して、当たったところに「寄せる」。これが成功への近道

目標に近づくためにやるべきことが明確に見えてきたら、次はいよいよ目標実現に向けて歩を進めていきましょう。

まず何から始めるべきか。ズバリ、実践です。

例えば、資格や語学試験だったら、直近の試験に申し込みましょう。準備はしていなくてもOKです。転職・就職希望だったら、エントリーシートを書きましょう。YouTuberだったら、まずは1本動画をつくって公開してみましょう。

転職で異業界にチャレンジしてみたい場合、会社がOKならば、副業という形で試してみるのもいいと思います。例えば、「ココナラ」や「タイムチ

ケット」といったスキルマーケットのサービスを利用すれば、自分が得意としているイラスト、写真撮影、資料作成などさまざまなジャンルのスキルで副業展開することも可能です。また、クラウドワークスやランサーズといったサービスでは、主にビジネス系を中心に、ライティングやプログラミングの仕事を受注することができます。

まずは、質より数で実践にチャレンジしてみましょう。最初のうちは9割ほどはうまくいかないかもしれません。ですが、それでいいのです。たくさん試してみて、少しでも反応がいいところがないか、目を凝らしていきましょう。

私は、ほとんどの人は初動や初速に期待しすぎていると思っています。「うまくできなかったらどうしよう」とか「失敗したら恥ずかしい」と思い、行動する前に二の足を踏んでしまう人が多いように思います。ただ、そんな風に逡巡する時間は、はっきり言って無駄だと思います。

「時期がきたらやろう」「準備が整ったらやろう」という声もよく聞きますが、準備が整ってからスタートすることなんて、ほぼありません。準備ゼロでも、とにかく踏み出すことが大事なのです。

また、せっかくチャレンジしてみたのに、一回うまくいかなかったからといって、やめてしまうということも多く見かけますが、これは非常にもったいないです。最初からうまくいくことなんてありませんし、失敗することは、恥ずかしいことではありません。ほとんどの人が、試す回数が少なすぎるのです。失敗を繰り返さないと、ヒントすら得られないまま終わってしまいます。

例えば、筋トレをしたことがない人は、「毎日筋トレをしたら、3か月くらいでムキムキになれるだろう」と思うかもしれません。が、相当知識がある人のアドバイスがない限り、絶対に無理です。やればやるほど奥深さに気が付きますし、自分の課題が見えてきます。それと同じで、やってみないと見えてこないことがほとんどなのです。

ジム・コリンズによる『ビジョナリーカンパニー4』(日経BP)という世界的にヒットしたビジネス書があります。この本の中で「銃撃に続いて大砲を撃つ」という概念が紹介されています。

銃弾は、大砲を撃つよりも少ない費用、低いリスクで撃つことができます。

こうした低い労力でできる銃撃をさまざまな方面で試すことで、だんだんポイントが見えてくる。その後に大砲を撃てば、高いコストパフォーマンスで効果的に攻撃することができるというものです。

私は、人が何か新しいことに挑戦するときも同じことが言えると思います。

まずは、少しずつやり方を変えながらたくさん試す。仕事を辞めて、全財産をつぎ込んで起業するよりは、まずは副業など、コストがかからないやり方でたくさんやり方を試してみる。ポイントは、数を撃つ中で、手ごたえを感じたところを見つけたら、そこに「寄せて」いくことです。

原始人が火起こしをする場面をイメージすると分かりやすいかもしれません。火を起こしたことがない人が火を起こすためには、まずは周りの経験者の様子を観察し、それをマネながら、火打ち石を打つのか、棒で木の穴をこするのか、いずれにせよいろいろな方法を試してみる必要があります。そして、試行錯誤を重ねていく中で、火花が勢いよく飛ぶポイントや、煙が薄く立ち上がるポイントを見つけると思います。そうしたら、とにかくそのポイントやそのやり方に「寄せて」いくことが大切です。成果が出そうな兆しを見つけたら、糸をたぐり寄せるように、そのポイントに寄せていってください。

次に大切なのは、火起こしの試みを「火花」や「煙」の段階でやめないこと。ここが踏ん張りどころです。火花や煙のような「成果が出そうな兆し」が見えるまでは、手を替え品を替え、いろいろな方法を試してみましょう。一度兆しが見えたら、次は一点集中、その成果が出そうな方法にすべての労力を「寄せて」いくことが大切です。火花や煙が「火」に変わり、さらにその火がしっかりとした「種火」に変わるまで、とにかく火起こしの作業に集中してください。薪に火がつき「種火」ができてしまえば、あとは木をくべるだけで火は燃え続けます。人生や仕事においても、一度「種火」ができあがれば、あとは少ない労力でどんどん次の目標を達成していくことができます。

飛行機が飛び立つとき、一定程度まで高度を上げるのには、エンジンの力が必要ですが、飛び立って風に乗ってしまえば、その後は離陸のときよりも少ない力で飛行することができます。それと同じで、化学反応が起こるポイントに到達するまでは、集中して努力する期間が必要です。ただ、その期間が過ぎて、一度化学反応が起きてさえしまえば、ほとんど力を使わなくても、楽にこなせるようになってきます。最初は大変かもしれませんが、必ずそこを抜けるときが来ます。「今は、集中して力を使うときなんだ」と割り切ってやりましょう。このときばかりは、ある程度プライベートも犠牲にせざるを得ないと思います。この【煙を探す試しの期間】と【集中して火起こしする期間】とのメリハリが非常に重要なのです。

また、時どき、どう考えても煙が出ていないところに一生懸命になっている人を見かけます。こういうタイプの人は「続けることに意味がある」という考えから、同じ方法で何度もトライしてしまうのですが、化学反応が起きないところで同じことを何度したところで、化学反応は起きません。

もし、もっと高いところに行きたいと目標を立てているなら、煙が出なさそうなところで粘るよりも、少しジャンルを変えるなど、違うやり方でトライしてみることをおススメします。

みなさんは、「メントスコーラ」というYouTubeの鉄板ネタをご存知でしょうか？　炭酸飲料にラムネを入れたら泡が猛烈に噴き出るという現象があり、これを撮影する動画の企画なのですが、当然のことながら、水にラムネを入れても、コーヒーにラムネを入れても、何も反応は起こりません。それは、何百回繰り返しても、何千回繰り返しても同じで、化学反応が起こらない方法は何度試しても何かが起こることはありません。

しかし、世の中には反応が起こらない方法を漫然と繰り返し続ける人が時どきいます。他人が「黒い」液体に「白い」物体を混ぜて化学反応を起こしているからといって、それを見よう見マネで、表面の薄いところだけマネして、「黒い」コーヒーに「白い」碁石を入れても何も起こらないのです。水がダメなら、次はお茶、お茶がダメなら、次はジュース、ジュースがダメなら……と、少しずつやり方を変えて、試していく必要があります。そして、ほんの少しでもヒットの感覚があったら、そこに寄せていくことが大切なのです。

成功に必要な「試し」「煙」「火」の関係

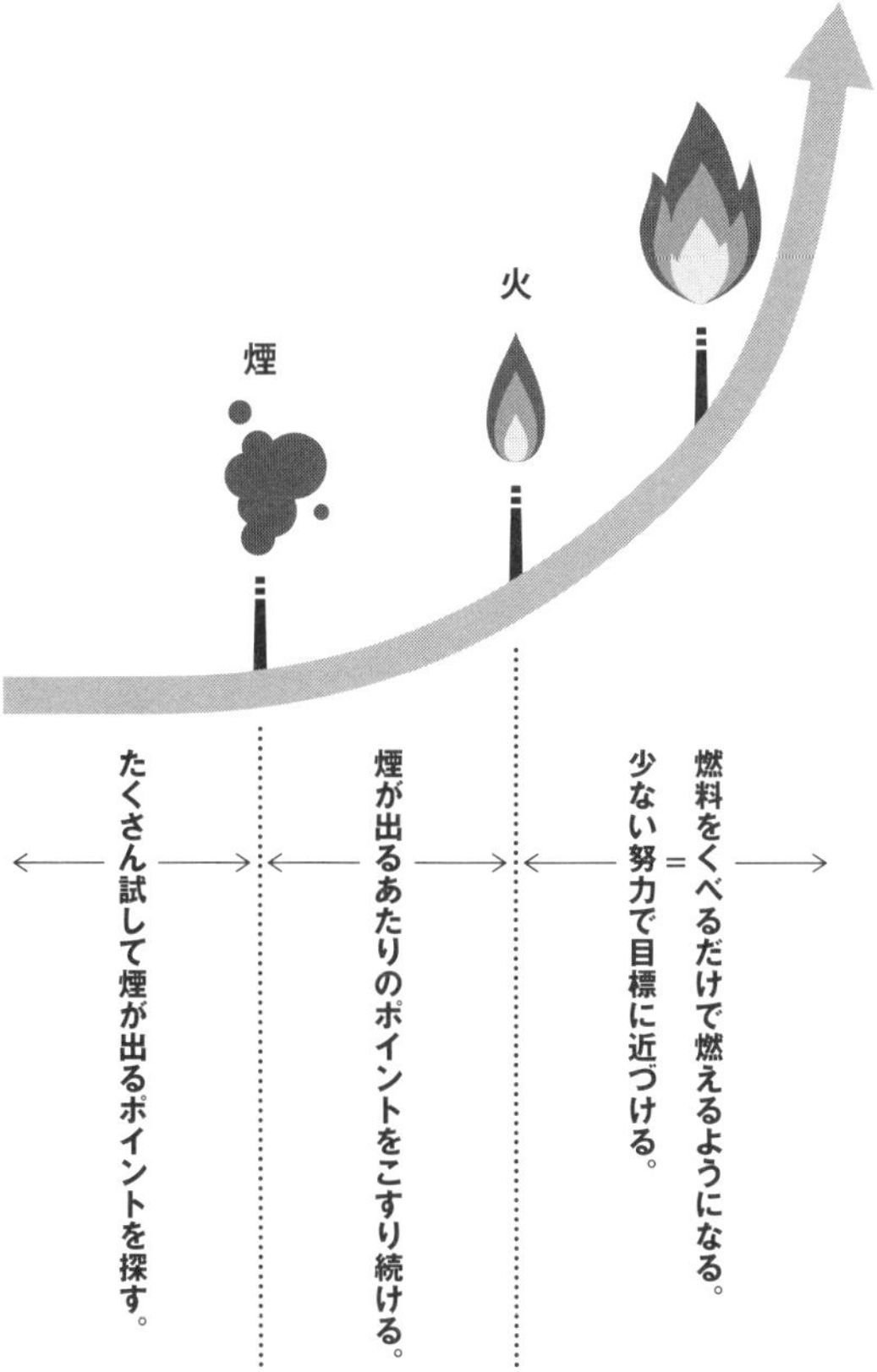
煙
火
たくさん試して煙が出るポイントを探す。
煙が出るあたりのポイントをこすり続ける。
燃料をくべるだけで燃えるようになる。
＝
少ない努力で目標に近づける。

私が毎月一億回再生のYouTuberになった理由

私がYouTuberとして、70万人以上のフォロワーを得て、法律系の動画を中心に、毎月1億回以上再生されるほどに成長できたのも、この「煙を探して寄せる」ということを繰り返したからです。

2019年当初、YouTubeを始めたころ、さまざまなことを試しました。はじめは『ユーチューバーNEXT』という次世代YouTuberを応援するポータルサイトの社長として、YouTuberとコラボする動画をメインにやっていました。その一環で、ちょうどそのときに国会議員に当選した『NHKから国民を守る党』(当時)の立花孝志さんにインタビューをしました。

当時、ちょうど参議院議員に当選後に立花氏の行動が世論でいろいろな物議を醸していたこともあり、「この人の真意を知りたい」とインタビューさせてもらったところ、この動画がハネました。そこで関連動画を立て続けに上げたところ、数千人だったフォロワーは一気に1万人に増えました。ただ、フォロワーのほとんどは、N国党のファンの人でした……。

ここで、また切り口を変え、時事問題や芸能人のトラブルについて法的な解釈で解説したり、小学校や中学校の校則を弁護士目線で論破したりといろいろな企画を試しました。

この間、衣装もタキシードに蝶ネクタイというスタイルから、弁護士らしいスーツに変えたり、背景も弁護士色を出し、バックに本棚が並んだいまのスタイルに変えたりと、編集方法や演出も何度も変えました。

その1つとして試したのがTikTokです。

以前にも一度、いろいろ考えて動画を上げたのですが、あまりにも反応が悪くて消してしまいました。

そこで、私はＴｉｋＴｏｋで先行し、すでに数十万人のフォロワーを集めていた友人に相談して、動画の撮影を手伝ってもらうことに。「プロモーション動画を撮ってＴｉｋＴｏｋ的な編集をしてくれないか」と頼んだところ、ｉＰｈｏｎｅを使ってスピード感あふれる動画を撮ってくれました。それをＴｉｋＴｏｋにアップしたところ、それまでとはまったく違う反応がありました。

ＴｉｋＴｏｋは、エンゲージメントが高い動画だと判断されると自動的にプッシュしてくれる仕組みなのですが、プッシュされた後の動画の再生回数がものすごかったのです。これが私のＴｉｋＴｏｋでの最初のバズ体験でした。そこから畳みかけるように、「ツーブロック禁止のブラック校則を論破する」「法律厳守でマリオカートをやってみた」といった動画をＴｉｋＴｏｋにアップしたところ、こちらもバズりました。

ちょうど同時期にＹｏｕＴｕｂｅでも縦画面で再生できるショート動画の機能が始まったので、ＹｏｕＴｕｂｅにもショート動画を配信するようにしたところ、これまでとは比較にならないくらいの再生回数になりました。それから、ショートで受け入れられる動きのある撮影方法やどんなテンションで話すべきかなど、だんだんコツをつかんでいきました。それ以降、YouTubeでは月に10万人ずつフォロワーが増え、快進撃が続いています。

つまり、このショート動画との出会いが私にとっての「煙」だったわけです。

そこから、セオリーどおりに大量のショート動画を連続で投下し、「煙」を一気に「炎」に変えました。ひとたび化学反応が起これば、後は簡単です。毎日こつこつ動画を上げ続けるだけで、化学反応が継続し、どんどん再生回数とフォロワーが増えるという好循環が生まれます。

こうした化学反応が起きるまで、いろいろなことに手を出してみて、どんな反応が起きるのかを見ていくことが重要なのです。化学反応が起こる分野やスタイルを探し続けるために、いろいろ味見したり、角度を変えて試したりといった試行錯誤をすることが大切だと思います。

露出を増やすだけで声を掛けられるようになる

これは目標にもよるのですが、やりたいことがはっきりしたら、とにかく露出を増やすことを意識してみると、ぐっと成果が出るようになります。

例えば、社内でやってみたいことがあるなら、とにかくことあるごとに同僚や上司に話しまくる、社内コンペに応募する、SNSに投稿してみる、副業サイトで実力を試してみる……など、とにかく他人に話したり、目に見える形にしたりして、アウトプットしてみるのです。

人は、意外と他人のやっていることに興味がないものです。つまり、自分では伝わっていると思っていても、想像以上に、自分の得意分野ややりたいことは、他人に伝わっていないものと考えたほうがいいでしょう。それこそ、T

シャツに「〇〇がやりたいですっ」と書いて歩き回るくらいのレベルで、すべての露出手段を試しましょう。

また、一度でやめてしまうのではなく、最低三回は同じ方法で露出して相手に印象付けましょう。一度きりでは、相手の記憶に残りません。

目標までに足りないのは、案外実力ではなく、露出量が少ないだけかもしれません。それは非常にもったいないこと。露出が増え、もしそれが周りから見て必要な能力だったら、周囲の人から「これ、やってみない?」と声を掛けてもらえます。

多くの人は、「自分の実力で応募するなんて厚かましい」と露出を控えてしまう傾向がありますが、その考えはチェンジしましょう。露出を増やす、発信をするというのは、個人としてだけでなく、組織としても重要だと思います。必要な人材が欲しいとなったら、しっかり発信をしていくことで、必要な人材は集まります。私自身も経営者として時どきでやっていることを発信していったことで、良い人材を採用していくことができました。

まずはベンチマークしている人のマネからスタートしてみよう

目標を達成しようとするときは、まずは周りで成果を出している人のマネから始めると効率的です。必ずしも開拓者になる必要はありません。むしろ、はじめはオリジナルな方法だと独りよがりな結果になることも多く、危険です。著作権侵害や不正競争などは論外ですが、法律や道義に違反しない範囲内で、TTP（徹底的にパクる）の精神でいきましょう。

スポーツでも芸術でも、一流になるには型があります。例えばどんなスポーツでも、自己流で始めて独りよがりな練習を続けても、チャンピオンにはなれません。まずはどこかで基礎を学んで、どこかのクラブやチームに入って、地方大会に出て、優勝して、というステージがあります。

芸術でも、いきなり名のあるクラシックコンクールで賞を取るなんて絶対無理で、まずはピアノ教室で習って、それから音大で名のある教授に師事して、留学して、といったステップがあります。

これはスポーツや芸術ではごく当たり前のことだと思うのですが、普通の人生やビジネスに置き換えると、「ワンチャンいける!」と勘違いしてしまう人が意外にいます。でも、いきなりワンチャン、はほぼありません。

最初は、第一人者やすでに成功している人のマネから始めて、型を学ぶ。そして、工夫していくうちに少しずつ型が外れて、世の中に価値があるオリジナルが生まれるのです。

それなのに、初心者ほど、最初から自分のオリジナルにこだわる傾向があるように思います。しかし、オリジナルを出すのは、まず土俵に立ってから。ある程度の実力をつけたうえで出したほうが、効率的に成功できます。

マネをすることで、スタート時点から下駄をはくことができます。探り探り試すことで、無駄に見当違いな努力をする時間をカットできますし、大きく失敗するリスクも減らすことができます。オリジナルにこだわって、チャレンジすることに二の足を踏んでしまうくらいなら、スタイルをマネするところから始めたほうがいい。もちろん、法に触れるようなコピーや、著作権違反は問答無用でＮＧです。ただ、編集の仕方や構成を参考にするといったスタイルをマネること自体は、まったく問題ありません。

結果を出している経営者たちからも、「成功のためには、ライバルを徹底的に調べ上げ、まずは自分と相手の差分を埋めていくことが大切」といった趣旨をよく聞きます。まずは、競合するライバルに差をつけられている部分を埋め、そのうえでオリジナリティを足していくことは、ビジネスでも人生でも成功の定石といえます。

スタートは、ライバルのマネでいいのです。最初は自分のこだわりを捨て、謙虚に「成果を出している人」の方法をマネしましょう。

そもそも、私が刑事専門の弁護士事務所を立ち上げたのも、海外のケースをマネしたことから始まりました。確かに当時の日本では、刑事専門の事務所というのは非常に珍しかったのですが、英語でインターネットを検索すると、海外ではいくつかの刑事専門事務所がヒットしました。つまり成功例がすでに存在しており、私がオリジナルというわけではありません。

また、YouTubeでも同じです。ショート動画を試したのも、すでにTikTokで先に成功していた人たちがいたので、それを見て「自分もやってみようかな」とマネをしただけです。また、私がYouTubeをやって常日ごろ感じているのは、「YouTubeは5匹目のどじょうまで取れる!」ということです(笑)。

動画がバズると、それをマネした同じような動画がたくさん出てきます。ルーティーン動画がトレンドとなりヒットを重ねたら、みんな同じことをやりはじめます。でも、二番煎じ、三番煎じでも、ちゃんとバズるんです。それどころか、感覚的には五番煎じまでは余裕でいける。だから、5匹目のどじょうを取りに行くぐらいのスタンスでも全然大丈夫だと思います。私自身もいまどんな動画がバズっているか、感度を高く持っていようと思っています。

ちなみに、私たちYouTubeチームの最初の信条は「便乗」「かぶせ」「こすり」です。

「便乗」は、注目されているトピックや最近トレンドになっているスタイルに乗っかっていく。動画には視聴者がいて、視聴者には「なぜその動画を見ているのか」というニーズがあります。そのニーズをしっかりとつかみ、タイミング良く需要が高いトピックやトレンドに乗ることが大切と考えています。また、「かぶせ」は、一度ヒットしたら、第二弾、第三弾とかぶせて次々に動画をアップする。そして「こすり」は、汁が出きるまで、徹底的にアップする(笑)。最低3回は切り口を変えてアップします。

「成果を出している人」の方法をマネして、それに慣れてきたら、次はマネをした人の「上位互換」になれるように、自分のオリジナリティを加えていきましょう。ポイントは、ここで必要とされるのは、ひとりよがりなオリジナリティではなく、社会や周囲からのニーズに裏打ちされた実用性あるオリジナリティだということです。音楽の世界でも、あるジャンルの先駆者となったアーティストにインスパイアされた別のアーティスが大ヒットを飛ばし、気付けば後から出てきた別のアーティストのほうがそのジャンルを代表する存在になっていた、などということがよくあります。最初は先人をマネてその後に先人の「上位互換」になる工夫を繰り返せば、いつかはオンリーワンかつナンバーワンの存在になることができます。

ただ、これは裏を返せば、自分がマネをされることもあるということです。自分のコピーが出始めたら、ムーブメントが起きているという兆しです。

例えば、ノンアルコールビールも最初は数が少なかったですが、いまや多くのビール会社が参入し、大きな市場を形成しています。ビールだけでなく、ノンアルコール酎ハイも発売されたりすることで、市場が拡大し、外食でも提供されるほどメジャーになりました。

たくさんマネをされるということは流行ってきたということ。自分のやっていることは間違いではないということを証明してくれているようなものです。

実は最近、某YouTuberに、私のスタイルを丸パクリされているのを見つけてしまいました（笑）。背景やテロップの出し方、演出まで全部一緒でした。心臓強いなあ〜と思いましたが、これが正解なのです。素晴らしいな、と思いました。自分よりも再生回数が上回っている人のスタイルのマネをする。普通の人はそこまではやらないですが、これが正解のルートだと思います。むしろマネされて、ちょっと嬉しかったです（笑）。

法律事務所を設立したときも人気が出た後は、似たような弁護士事務所が雨後のタケノコのようにたくさんできましたし、うちの事務所から巣立った人が同じような事務所を設立していたということもありました。ただ、誰かが自分のスタイルをコピーしているということは、人にコピーされるほど成功している証拠なので基本的には良い兆しです。

それこそ、法に触れるようなコピーに対しては断固として抗議するべきですが、スタイルをマネされる程度なら、温かく受け止めてあげましょう。

目標達成のための時間を捻出する手帳活用術

「目標に向かって努力はしたいけれど、日々の仕事で忙しくて、なかなか時間が取れない」という人もいるでしょう。

私は、まず目標に向けて1日1時間、できれば3時間、時間を確保することをオススメしています。

また、夜は仕事が遅くなったり会食が入ったり、何より疲れていたりして頭が働きにくいので、朝に時間を確保することができればベストです。問い合わせなどの邪魔も入りにくく、**朝のほうが頭もスッキリしています**。

朝、目標のために普段より1時間起きている時点で、私は9割5分勝っていると思います。漫然と時間を過ごしていない、というだけで素晴らしいことです。あとは、無理なく継続できるようにすれば、目標達成は目の前に見えています。

忙しい毎日の中で、時間を捻出するためには、自分がいまどんなことに時間を使っているのか、漫然と無駄な時間を過ごしてしまっていないか、俯瞰して振り返ってみましょう。そこでオススメしたいのが手帳をつけることです。

私は休みの日も含めて、1日何をして過ごしたのか、言い換えると何にどれだけの時間を配分して過ごしたのかを、毎日手帳に蛍光ペンで色分けしながら記録しています。これは、私が開業して以来、13年間休まず続けている習慣のひとつです。

例えば、次の新規事業につながるプラスアルファの勉強をしている時間は赤色、健康や体調管理につながるスポーツや運動をしている時間は緑色、会食などの交友に使っている時間は青色……といった具合です。普段、自分がどんなことに時間を使っているのかに自覚的になり、どの時間を削ればいいのか、視覚的にはっきりしてきます。

私が20年前に司法試験の勉強を始めたときも、とにかく最初は、勉強時間をしっかりと確保することを心がけました。勉強時間の管理のために、当時は、タイムカードを使っていました。

よく職場の入り口に置いてあるような、紙をガチャンと入れると時間が記入される、あのタイムカードです。確かビックカメラで1万円くらいで買ったのだと思いますが、あれを部屋に置いて、毎日勉強スタートの時刻と終了の時刻をタイムカードに打刻し、時間を記録しながら勉強していました。

なぜそんなことをしていたかというと、しっかりと目的意識を持って時間を使いたかったからです。時間という限られた資源を、最大限に活かすためにやっていました。

また、私は仕事の予定などは、GoogleカレンダーなどWeb上のカレンダーで管理をしていますが、1日の終わりに、あえてWeb上から手元の手帳に書き写すことを日課にしています。不思議なことに、あえて手書きで手帳に書くほうがWebだけで管理するよりも自己管理がしやすくなります。

手帳に手書きで書くことのメリットは、意識して書かないと書き忘れるということ。自分の状態を知るバロメーターになります。つまり、忙しくて書き忘れてしまっているときはたいてい生活が乱れていて、うまくいっていないときです。手帳以外にも、いろいろなルーティーンが崩れてしまっています。

これは私だけではなく、周囲の経営者など、手帳をつけている人と話すと、「そうだよね！」と共感してもらえます。

なんとなくボーッと嫌だったことを思い出して時間を過ごしてしまうなど、1日があっという間に過ぎてしまうという人もいます。繰り返しますが、チャンスは過去にはありません。常に時間の流れと共に、チャンスは現在より先にあるのです。いまより前に目を向けるためにも、手帳をつけることで自分の時間の使い方に自覚的になってみましょう。

自分の負けパターンを知ることが大切

自分の負けパターンを知る、という意味でも、手帳は役に立ちます。
例えば、「今日はうまくいかなかったな」という日は、何をしていたかを振り返ってみる。すると、例えば「お酒を飲みすぎていた」とか「睡眠時間が足りなかった」とか、「ここ数日、目標達成にかける時間が少なくなっていた」といった、うまくいかない原因を探すことができます。原因が分かれば、対処して見直せばいいだけです。

いわば、手帳は航海日誌のようなもの。海や船の状態を毎日振り返り、目的地までの道のりを確認する。長期間の航海をするのに、船長が航海日誌をつけていない船にはちょっと乗りたくないですよね?(笑)

それくらい当たり前のものとして、習慣化してしまいましょう。

一度習慣化すれば、続けるのは歯車が回るように簡単なことです。逆に「毎日頑張ろう」と意気込んでいるうちはまだ習慣化した状態とは言えませんし、あまり気合いを入れすぎても息切れして続かなくなってしまいます。

習慣化するのに必要な期間はさまざまな説があり、21日とも、61日とも言われています。私が重要だと感じるのは、スマートフォンなどのアラームを設定し、とにかく毎日続けることです。すると、あるとき急に、やるのが楽に感じ、逆にやらないと気持ち悪くなる瞬間が訪れます。そこまでは少し大変かもしれませんが、「近いうちに必ず楽になる」と信じて踏ん張りましょう。

目標を記入するのもオススメです。毎日見ることによって、日々目標を意識するようになる。漫然と過ごしてしまっている時間を意識的に過ごすことができるようになります。

STEP

5

時代の盛り上がりに「便乗」すれば、劇的に人生を変えられる

人より早く、時代が変化する兆しに気付けるか

このステップでは、情報社会を制して、時代を味方につける方法について述べていきます。

特に、独立や起業を考えている方、フリーランスの方、副業収入を得たいと考えている方にとっては有益な情報になると思います。情報社会を制する、と言われると、少し大げさな話のように聞こえるかもしれませんが、いまや「今日はスマートフォンに触らなかった」「インターネットをしなかった」「テレビを見なかった」という日は、ほとんどないのではないでしょうか。それだけ私たちは日々、おびただしい量の情報にさらされています。

それこそ玉石混交の情報が飛び交う中で、いかに良質のものを選び取り、

チャンスをものにするのかを求められる環境に置かれているのです。日々の膨大な情報の中から自分にとって本当に有意義なものだけを入手するには、やはりちょっとしたコツが必要になります。

「時代を味方につける」ということは、運を味方につけたときと同じように、目標達成のスピードを加速させてくれます。SNSで投稿がバズり、一夜にして有名インフルエンサーになったり、ヒット商品を生み出したりといったことは、いまやごく当たり前の現象になりました。

そもそも、私が弁護士として起業してから短期間で多店舗展開できたのも、弁護士YouTuberとして多くの人にフォローしてもらえるようになったのも、「時代を味方につける」ことができたことが大きな要因になっています。例えば、最初は珍しかったタピオカ店も、ブーム直前までは大行列ができていたのに、競合が多く参入し一般化するとブームは去り、飽きられてしまいました。つまり、この「最初は珍しかった」というタイミングを逃さず、スピード感を持って挑むことが重要なのです。

時代を味方につけるには、世の中の〝バグ〟を探せ

では、どうすれば時代を味方につけることができるのでしょうか。そのコツは、時代の流れによって社会の構造に歪みが生じている部分に着目することです。この社会の構造の歪みが、需要と供給のミスマッチを生み出し、そこにチャンスが広がります。いわば、**世の中の〝バグ〟を見つける**ということです。

私がそのことに気が付いたのは、高校卒業後アメリカに行っていたときでした。１９９０年代、当時まだインターネットも一般的ではなく、海外の情報も得にくかったころ、日本ではレアでなかなか手に入らなかった〝たまごっち〟や、ナイキの〝エアジョーダン〟が、アメリカでは普通に売られているのを目にしました。

これは、同じ商品でも売る場所を変えるだけで、片方はプレミアが付いて定価よりも高額、もう片方は定価でも売れずに商品が山積みになっている、つまり同じものでも社会の中の立ち位置や置き場所によって希少性を増し、価値を高めることができるということです。

この状況を身をもって体感することができたのは、私の人生の中でとても大きな気付きになりました。

私が刑事専門の弁護士事務所を立ち上げたきっかけになったのも、時代のバグを見つけたからです。

司法修習時代に、同期の修習生が教官との食事会に参加し、戻ってきた彼から「刑事事件って、何気に結構な数があるみたいだよ」という話を小耳に挟んだことも、やり方さえ工夫すれば十分に経営を成り立たせることができる分野だと、起業する上での参考になりました。もちろん弁護士として「困っている人の役に立ちたい」「いざ、というときに助けることができる場所をつくりたい」という気持ちが大前提にあります。ただ、事務所を立ち上げるからには、その場所を維持することも重要です。正義感だけで開業し、赤字続きにより短期間で廃業してしまったのでは、依頼者にとっての受け皿がなくなってしまうので、助けようにも助けられなくなってしまいます。いざ、というときに頼れる場所を確保するためには、需要に対する供給源として存続し続けることも重要です。そういう意味でも需要と供給がマッチするかどうかは大きなポイントでした。

また、序章でもお話ししましたが、私は司法修習時代に交通事故を起こしました。自分の刑はどうなるのか。このとき、ネットを駆使して調べてみたもののその情報を探すことができず、司法修習生は事件や事故の度合いによってはクビが飛ぶこともあるので、気が気ではありませんでした。結局その事故でクビになることはなかったのですが、そのとき強く感じたのは「なんでネットで量刑に関する情報が全然出てこないんだろう。司法修習生である自分でも困るんだから、普通の人はもっと困っているんじゃないか。需要と供給のバランスがおかしい」ということでした。これが、社会のバグを見つけるきっかけとなりました。

さらに、弁護士事務所を全国展開することになったのも、引き続き、社会の中にバグを見つけたからでした。

開業して間もないころから、結構な頻度で「大阪にも来てくれないか」といった依頼がありました。東京で抱えている案件を止めてまで大阪に行くのは、こちらとしてもリスクとコストがかかります。「大阪まで弁護士が出張するとなると、それだけで交通費や日当がかさんでしまいます。活動が長期化すると、実費や日当だけでかなりの額になることが予想されます。それでも、大丈夫ですか？」と尋ねたところ、クライアントからは「それでもいいから来てほしい」と頼まれることが相次ぎました。この体験から、地方でも需要があるのに東京だけで対応していたのでは、移動時間でのロスが生じるだけでなく、クライアントの費用負担もかさんでしまう。

地方での需要にもスピーディーに対応できる供給体制をつくっていく必要があると感じたのです。

刑事事件はやけどに似ているところがあります。名医に手当してもらうよりも、まずは時間との勝負。さっと素早く処置してもらうことで、影響を最小限に食い止めることができます。従来の法律事務所には、そういう気軽に相談できて、すぐに駆け付けてくれるようなところがなかったのです。この大阪への展開を皮切りに、全国へと拡大していくことになりました。

ただ、注意したいのは、需要と供給のミスマッチは自然と徐々に解消されていくということです。社会のバグはいつまでもそのままで残ることはありません。時間の経過によってバグや需給のミスマッチが解消されると、同じものを提供しても社会に与える価値やインパクトは小さくなってしまいます。だからこそ社会の構造の歪みに気付き、盛り上がりつつある波をつかんだら、できるだけ早く行動することが重要なのです。

時代の盛り上がりが分かれば、コロナ感染拡大も察知できる

「時代の盛り上がりに目を凝らす」ということは、リスク管理にも有効です。

実は、当時はそれほど注目を集めませんでしたが、私は新型コロナウイルスの爆発的な流行に関して、2020年1月16日時点ですでに動画をアップして警鐘を鳴らしていました。

これは日本で最初の感染者が確認された翌日でした。

このときの動画では、新型コロナの簡単な解説や「わざと病気をうつしたらどうなるか」といった法律解説をしたり、今後の流れについて解説したりしています。その後、医療の専門家が解説する動画が増えてきたため、新型コロナウイルスに関してはそちらに任せて、私のYouTubeでは取り扱いをやめ

ましたが、普段から「時代の盛り上がりに目を凝らす」という意識を持っていたからこそ、あの感染拡大の兆候とその後の成り行きについて、かなり早い段階からある程度の正確性を持って察知することができたのだと思っています。

なぜなら、感染者数の伸び方が指数関数的に爆発的なものだったからです。私はこの「伸び幅」の行方に目を凝らすことが、チャンスを見極める意味でもリスクを早期に感じ取る意味でも非常に重要だと感じています。これを見極められれば、いわゆるバブル的なものもある程度事前に察知することができます。

物事の劇的な拡大や時代の盛り上がりを見極めるのに私が役立てたのは、過去に流行したものに関するグラフ資料でした。古くは梅毒の流行、近年ではＬＩＮＥの流行など、ポジティブ、ネガティブ関係なく、ゲームチェンジが起こるほど世の中に何かが流行するときは、必ずといっていいほど伸び幅が劇的になります。こうした流行変動のグラフをこれまで多く参照してきたことが、私にとって時代の盛り上がりを見極めるヒントになっています。**自分がつかむべき「チャンス」は未来にありますが、「学び」は過去にあるのです。**

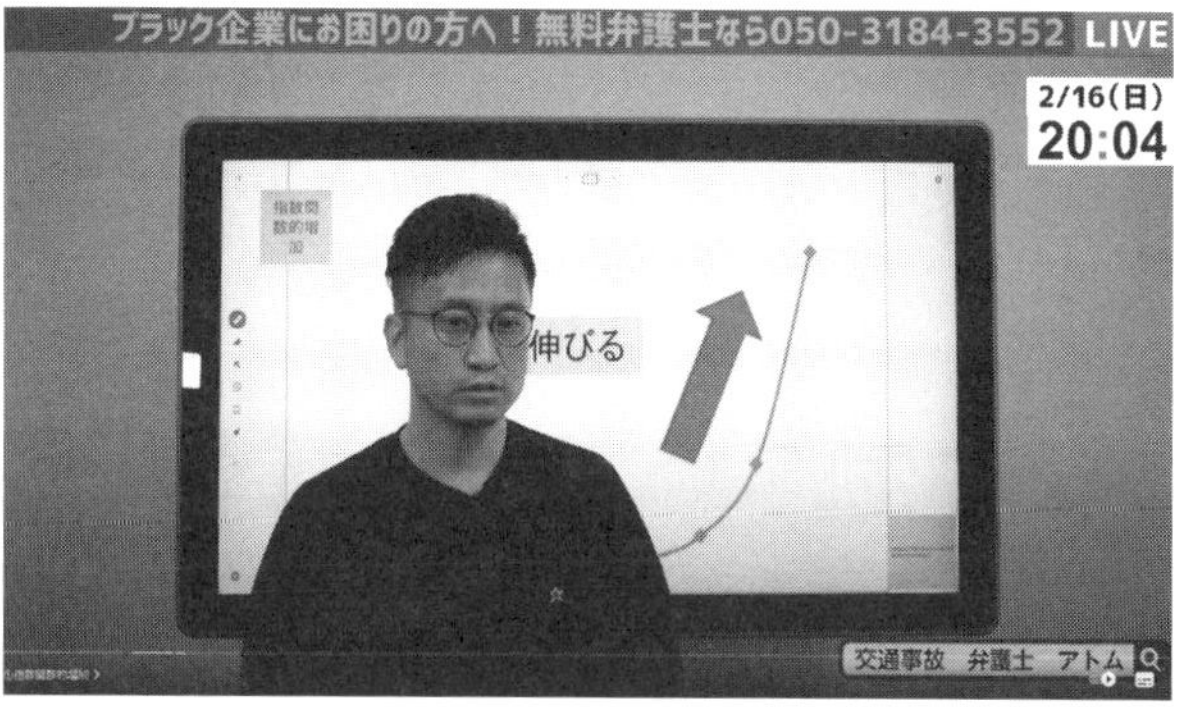

2020年2月16日　https://youtu.be/pnxWghCDdco
初めての緊急事態宣言の約1か月前、まだ国内の罹患者数が数十名の社会的に危機感が乏しかった時点で、指数関数的なコロナの感染拡大を予測し、動画で指摘しました。

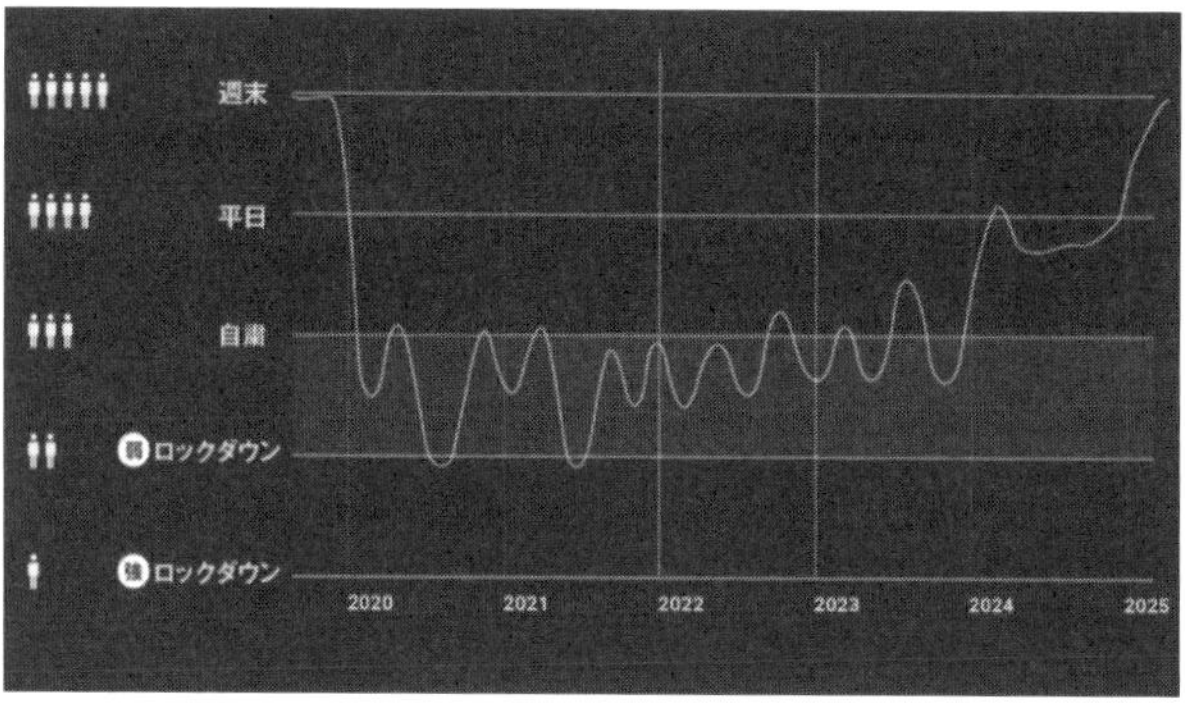

2020年4月1日　https://youtu.be/Sw63ao-Nznw
緊急事態宣言の直後の先行きが不透明な時点で、ロックダウンできない日本では感染者数の増減にあわせて外出の制限と緩和が繰り返されるということを予測し、動画で指摘しました。

「耳」から入ってくる情報にチャンスがある

時代を味方につけるためには、早期に時代の盛り上がりに気付くことが大切、ということはご理解いただけたと思います。では、その気付きを得るための情報は、どこから入ってくることが多いのでしょうか。

それは、ズバリ「耳」です。

現代はネットなどを通じて「目」から入ってくる情報が多いですが、それよりも**「耳」から入ってくるほうが圧倒的にチャンスの確度が高くなります。**

特に、自分と違ったポジションの人から入ってくる情報はチャンスが満ちていることが多いです。例えば、業界、地位、年齢層など、さまざまな意味で自分と違った人からの情報は、自分に気付きを与えてくれます。

私が2019年にYouTubeに参入したのも、もともと10歳くらい年下の不動産会社の社長から話を聞いたことがきっかけでした。2018年は広く世の中に「YouTuber」という存在が認知された年で、2019年ごろから芸能人も参入して、市場が盛り上がってきている時期でした。

その後、いろいろと人に会って調査を進めていると、どうやらGoogleはトップYouTuberに対して、月に数千万円という広告収益を支払っていることを知りました。そのとき「これは何かものすごいことが起きている」と確信しました。「時代がバグっている」需要と供給の強烈なミスマッチが起きていると感じた瞬間でした。振り返ってみれば、全国展開するきっかけになったお客さんからの声も「耳」からでした。

SNSやネットニュース、テレビなどなど、私たちは日々目を駆使して情報を得ています。ただ目から入ってくる文字の情報は、耳から生で入ってくる声の情報と異なり、温度感が伝わりづらいです。生で聞けば飛びつくような情報でも、目から入ってくる文字の情報だと、その重要度に気付かずに流れてしまうことも多いです。

そういった意味では、耳から人の声を通じて得られる情報には、温度や色合いがあり、細かなニュアンスを知ることができます。また、耳から聞く情報はある程度限られた人から得ることになるので、疑問や質問をその場で解消できることも多く、チャンスを得られる確度も高まります。

では、どんな人からよりチャンスに満ちた情報が得られるのでしょうか。自分と異なるポジションの人と先ほどご説明しましたが、加えて、新しい情報や世界の変化により敏感な人だと、情報の鮮度と精度が良くなるので好ましいです。

マーケティングに詳しい人ならご存じかもしれませんが、新しいサービスや市場の浸透に関した理論で「イノベーター理論」というものがあります。

①イノベーター…最初にイノベーションを採用する人。いわばオタク的な嗜好を持つ人

②アーリーアダプター…新しいものが好きで、流行に敏感な人。インフルエン

サー
③アーリーマジョリティ…慎重に導入を検討する人
④レイトマジョリティ…周りが導入してから様子を見て導入する人
⑤ラガード…流行に鈍感な人

流行は、イノベーターやアーリーアダプターと呼ばれる感度の高い人たちから順に伝播していきます。アーリーアダプター、つまりインフルエンサーと呼ばれる人たちが、その周りのマジョリティたちに影響力を持っており、流行を拡大させるとされています。

つまり、イノベーターやアーリーアダプターに当たるような人をフォローしておくと、他よりも早期に情報がつかめるようになります。SNSなどでも、流行をいつも素早くキャッチしているな、という人を見つけたら、すかさずフォローしてみましょう。また、国内のニュースだけでなく、海外のニュースにも目を向けると、思いもよらない情報をキャッチできることがあるのでおススメです。

【流行におけるイノベーター理論グラフ】

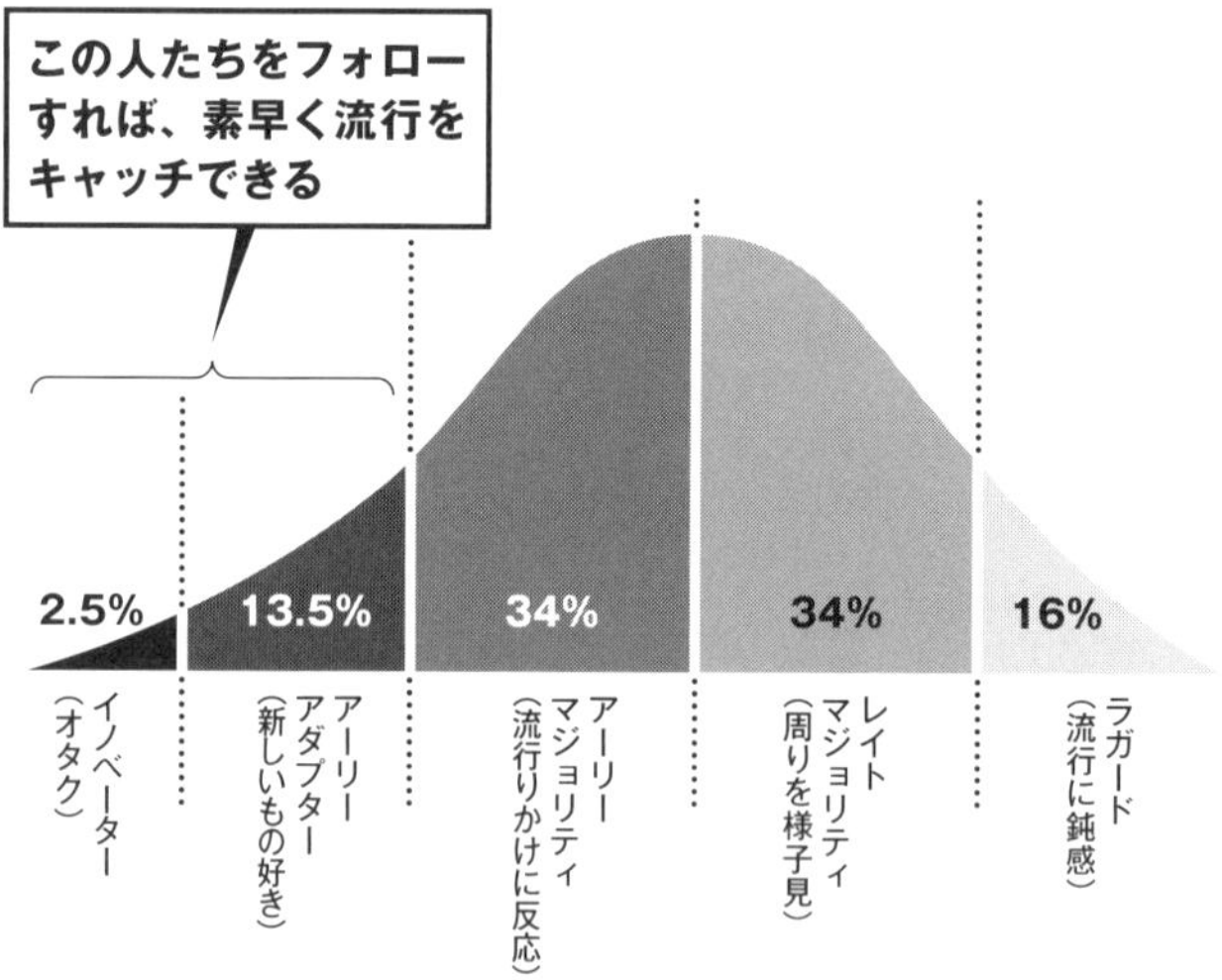

流行を早期にキャッチするには流行に敏感な層をフォローしましょう

「時代」を味方につけるために押さえたい3つのポイント

これから取り組む新しい分野を選ぶときには、これまでお話ししたように、時代の盛り上がりに後押しされている分野を選ぶことが大切です。

では、どのようにして、その「時代の盛り上がり」を見極めるのでしょうか。私が気を付けているのは、次の3つのポイントです。

1 新規性：新しい単語がどんどん生まれている分野か

新しい単語が生まれるところでは、何か物事が動いています。

例えば、YouTuberという言葉は、以前はありませんでした。また、法律的な用語では、「過払い金」という単語も決定打となる最高裁判決が出るまではあまり耳にしませんでしたが、いまでは非常にメジャーな単語になっています。この、何かに名前が付く（新たな単語が誕生する）タイミングが、参入するには最適な時期だと感じています。というのも、単語が生まれていない段階では、まだ時代が追い付いていないか、そもそも時代が動いていないからです。新しく起きた事象に対して名前が付き、早い人がムーブメントに乗っかり始めたタイミングが、参入するにはベストな頃合いです。このタイミングで上手に参入できれば、比較的少ない労力で効率的に成果を手に入れることができます。0から1をつくるよりも、つくられたムーブメントに早い段階で乗っかっていったほうが、効率良く物事を進められます。

ヒットするものを予測するのはプロでも難しいですが、新しい単語がどこに生まれているかをつぶさにチェックすることによって、ヒットの兆しを読み取ることはできます。「兆し」を読んだら、その兆しが本物か、すぐに行動を起こし確認してみてください。その兆しが本物なら、いつの間にか地面が盛り上がり、気付いたらあなたは波に乗っていると思います。

2 普遍性：既存の分野を新たに置き換えられるものか

仮に新しい単語が次々に生まれ続ける分野でも、数年後にはまったく使われなくなってしまっているものもあります。そういう一過性のブームと、その後しっかり定着する本物のトレンドとの間には、どんな違いがあるのでしょうか？　それは、普遍性があるかどうか、で決まります。

ヒットして世の中に浸透するものは、元々普遍的なニーズが存在し、すでに世の中に定着しているもののリプレイス（置き換え）であることが多いです。

例えば、インターネットも元をたどれば、通信という太古から人間が必要としていたジャンルの置き換えとして存在しています。古くは狼煙（のろし）をあげて他人に情報を伝えていたところから、やがて手紙になり、電話が普及し……。インターネットはその延長線上にあるものです。こうした普遍性があるものではなく、ただ新しさを求めた一過性のものは、定着せずに消えていってしまいます。

特に、新しい技術を持っているエンジニアがやりがちなのですが、ただ新しい技術を活かせるからといって、ニーズがそれほどないところで商品やサービスを展開してもロングヒットにはつながりません。

例えば、私が時どき参加するブロックチェーンの勉強会では、ブロックチェーンを活用したさまざまなビジネスが提案されます。しかし、技術を活かそうという目線が先行してしまうと、ただ新しいだけで、実は誰からも必要とされないということになってしまうので注意が必要だと感じています。

3 将来性：人が集まり、中長期の成長が見込める分野か

将来的に発展していくためには、たくさんの人が参入して、分野全体のパイが大きくなり、盛り上がっていく必要があります。少人数で盛り上がっているだけでは、将来性があるとは言えません。中長期的な視点で考えてもより多くのニーズがあるのか、成長が見込めるのかどうかをしっかり見極めましょう。

私が2019年の段階でYouTubeに参入したのも、この3つのポイン

トから説明ができます。

1 新規性

「YouTuber」という言葉自体は以前から存在していましたが、2017年あたりから一気に市民権を得て一般的な用語となりました。また、動画配信業界全体でいろいろと新しい言葉が生まれている時期でした。学生のなりたい職業ランキングで「YouTuber」がランクインしだしたのも、この時期でした。

2 普遍性

YouTubeは「何か面白いものを見たい」「何か新しいことを知りたい」という人類の普遍的なニーズに根ざす動画プラットフォームです。新聞や雑誌の一部がテレビに置き換わったように、YouTubeはテレビから置き換わるものとして注目していました。

さらに、専門家が発する正しい知識や情報は、昔から高いニーズがあります。昔は一家に一冊「家庭の医学」のような本があったように、専門家の意見は人々の日常生活に役立ちます。テレビの中でも、弁護士は事件やトラブルが起きるたびにコメンテーターとして呼ばれる職種ですし、専門家から動画を通じて正確な情報を得たいというニーズは普遍的なものとして存在していると考えました。

3 将来性

YouTubeは世界一の動画プラットフォームです。プラットフォーム・サービスは、ウイナー・テイクス・オール（勝者総取り、勝者一人勝ち）と言われるように、世界一位のサービスが圧倒的に強いです。また、人は「人が集まる場所」に集まる性質があるので、YouTubeには視聴者・配信者ともまだまだ人が集まってきます。これらを総合して、YouTubeの将来性は当面は揺るぎのないものだろうと考え、動画を配信しフォロワーを獲得するならYouTube一択と思って、参入を決めました。

STEP4でもお話ししましたが、私のYouTubeチャンネルのコンセプトは、旬なニュースのタイミングを逃さず、タイミング良く配信することです。

現在、私のYouTubeは数人のチームで運営しています。動画はネットニュースが上がって、社会の注目度が高まった瞬間に合わせて、すぐに配信できるように日々のスケジュールを調整しています。

Yahoo!のコメント欄が盛り上がったりするような注目度の高いニュースが入ってきたら、その日のうちに動画を撮ります。そして、反応が良ければ、角度を変えて3回配信します。動画は短いので、法律的にはさまざまな角度で配信することができます。

スピード感は特に大切にしていて、例えば、人気YouTuberが逮捕されたり、著名人が事件を起こしたりした場合は、その日のうちにすぐに動画を出せるように、移動するタクシーの後部座席でアドリブのまま動画を撮影したこともあります。

ただ、私は動画では、過激なことはあまり言わないようにしています。シンプルに法律の観点ではどうかということをやさしくかみ砕き、視聴者にとって分かりやすいように解説しています。

「交通事故を起こしてしまったらどうすればいいのか」

「トイレを借りただけでも、建造物侵入になってしまうのか」

といった身近な法律についても、分かりやすく理解してもらいたい。見てくれた人の役に立てたら、それで十分だと思っています。

また、YouTubeでは売上や収益はあまり重視していません。それよりも、月間の再生回数やチャンネル登録者数の増加に注意を払っています。先述した通り、私がYouTubeを始めたのは、そもそも自分を新しいステージに連れていってくれるツールだと思ったから。売上や収益を目標にしてしまうと、どうしても話したいことを話せなかったり、自由に意見が言えなくなったりしてしまいます。

個人の収入としては、法人経営者としての収入がメインであるため、YouTubeからの広告収入はあまり意識していません。

自分が目指すものは時代を味方に付けているかどうか、次のワークで確認してみましょう。

「時代」を味方につける分野かどうかの確認ワーク

あなたがこれから取り組む分野は何ですか？

その分野はあなたにとって

1 新規性 ：新しい単語がどんどん生まれてくる分野ですか？

YES　NO

NO → ✕ 新しくありません。

2 普遍性 ：既存の分野を新たに置き換えるものですか？

YES　NO

NO → ✕ 新しいというだけのものです。

3 将来性 ：人が集まり、中長期の成長が見込める分野ですか？

YES　NO

NO → ✕ 短期的にしか流行しません。

YES → ○ **時代に押し上げられる（＝時代が味方になる）分野です。**

「ポスト・スマホ」を注視せよ

私は遠い未来を予測するよりも、直近で起きていることに目を凝らし、瞬発力高く、社会のニーズや時代の盛り上がりに反応することを意識しています。

ただ、あえて今後の動きの見通しを立てるとするならば、いまの動画のプラットフォームはもう少し時間をかけて育っていくものなので、向こう10年はYouTubeの勢いは崩れないと思っています。

また、TikTokなどの新しい動画配信サービスの台頭もYouTubeの脅威には基本的になり得ないです。YouTubeは、いわば動画配信業界の太陽のようなもの。太陽系の惑星がすべて太陽の周りを回るように、新しい動画配信サービスも、よほどの革新性がない限りはＹｏｕＴｕｂｅにその機能の一部を吸い取られ、結果的に吸収されていくと考えています。

いまでは、私のような専門知識がある人が、ショート動画で分かりやすく物事を解説するコンテンツも、まだまだニーズがあると思っています。

次のゲームチェンジがあるとするならば、端末が変わるときではないでしょうか。そもそも、かつてガラケー全盛時代の通信でのコミュニケーションツールはメールが主流でしたが、スマートフォンの登場で端末が変わったことによりゲームチェンジが起こり、ＬＩＮＥが爆発的に浸透しました。

スマートフォンは本当にすごいポテンシャルのある端末です。ここまでパーソナライズされた道具は、人類の歴史でも初のものです。かつ、ここまで個人一人ひとりに普及した道具も、人類の歴史で初ではないでしょうか。いつも身近にあって、お財布代わりにもなり、買い物もでき、親しい人やビジネス相手との通信手段として活躍し、地図にもなる。スマートフォンさえあれば、生活のほとんどがクリアできてしまいます。いまやスマートフォンには人の人生が格納されているといっても過言ではありません。

つまり、アンテナを立てるとしたら、次にきそうなデバイスは何か、というところなのだと思います。デバイスが変われば、ユーザーの操作方法や体験が変わります。固定電話が携帯電話に、携帯電話がスマートフォンに置き換わったときに多くのチャンスが生まれたように、デバイスの主流が変わるときには大きなチャンスが生まれます。だからこそ、次に主流になりそうなデバイスにアンテナを立てておくことが非常に大切だと考えています。

今後はＹｏｕＴｕｂｅｒも淘汰されていく時代に入っていきます。この中でクリエイターとして残っていくためには、時代の波をつかみ、次のフェーズへと移行していくことが必要です。もしかしたら、ＹｏｕＴｕｂｅである程度知名度を築いている人だと、逆に挑戦しにくいところなのかもしれません。

例えば、TikTokはYouTubeよりも動画一本一本のバズる、バズらないの差が極端に出るメディアです。ハマらない人には全然ハマらない。ですが、この波に対応できている人が、いま動画メディアにきている転換点に対応できる人なのだと思います。

いま、私はYouTubeとTikTokに同じ縦型動画を同時にアップしているのですが、動画がバズる傾向は本当に読めません。コメント欄を見ると、TikTokは高校生が中心で、YouTubeのほうはそれよりも比較的年齢層が高い、というくらいは分かります。それでも、「この動画はTikTokで当たるだろう」と思ってアップしたところ、YouTubeのほうが伸びた、ということもあります。また、その逆もあり、まだまだ分析途中ではありますが、トライ＆エラーを繰り返すことで、次のフェーズへと進むための準備をしていこうと考えています。

STEP

6

たった1つのポイントで成功し続ける人になるフェーズ認識

常に新しい目標を達成し、成長し続けるには？

いよいよ最後のステップです。このステップでは、成功し続ける人になるポイントについて詳しく紹介していきます。

本書のとおりにやってみたけれど、どうも伸び悩んでしまった。少しは成功したけれど、目標達成まで至らないところで停滞してしまった。という方に向けて、次にとるべきアクションについて、私の経験談にもとづいて述べていきましょう。

私自身、海外での放浪生活後、高卒からの司法試験合格、弁護士登録と同時に自分の弁護士事務所を立ち上げ、数年で全国へ展開。と、それぞれのタイミングで、立場を大きく変え、著しく成長し、収入を何倍にも伸ばしてきました。ただ、ある程度の成長が続くと、成長に対してあまり喜びを感じられなくなる瞬間が来ます。私の場合も事務所自体は順調に数字・規模とも大きくなりましたが、途中から自分自身の成長には頭打ちを感じるようになりました。

そこで、自分自身を次のステージに連れていってくれるツールとして40歳を過ぎて選んだのがYouTubeです。実際、YouTuberになったことで世界は大きく広がり、出会いや経験にも恵まれ、これまでに見たことのない世界をいくつも見られるようになりました。

私は、人の成長とは、次のようなものだと思っています。

まず、何か物事を立ち上げるためには、先述のように、煙が出るポイントを探し、火が出るまでしっかりと努力や試行錯誤を繰り返す必要があります。あるポイントを超えると、それほど労力をかけずとも自然と成長ができるようになります。

しかし、あるところで頭打ちを感じるポイントが必ず出てきます。もしくは、先の展開が読めてしまい、退屈に感じる瞬間が出てきます。そうなったら、次の策を講じるタイミングにきている、ということになります。つまり、そこがいまの目標から次の目標へと切り替えていくポイントになります。この目標を切り替えるタイミングを見逃し、現状にとどまっていたのでは、人生の流れが停滞し、ゆるやかに衰退していくしかありません。

また、P187の図を見ていただくと、新しいことに挑戦するタイミングで、2つの線が重なっているのが分かると思います。これはどういうことかというと、新しいスタートは、既存の物事よりも低い位置からスタートすることを示しています。再び低空飛行からスタートして、懸命に火を起こしたら、どこかのタイミングでブーストしていく。その繰り返しが重要なのです。

ただし、一度火をつけた経験があるので、二度目は一度目に比べて少ない労力で効率的に火を付けることができます。

ここで、私がYouTubeで70万人以上のチャンネル登録者を得るまでの成長の過程を紹介したいと思います。各ポイントで新しいことに挑戦し、試行錯誤しているのが見て取れると思います。

①N国党に関するネタでバズる（登録者数数千人→1万人に）。
②登録者数が増えたものの、N国党ファンがメインだったため、そこから試行錯誤。背景や編集の仕方、衣装などを次々変更しつつスタイルを模索する（登録者数1万人→10万人に）。
③TikTokやYouTubeの縦型ショート動画がヒットして、一気にフォロワーが増加する（登録者数10万人→50万人に）。

実際にフォロワー数を大きく伸ばすきっかけになったのは3ですが、そこに至るまで事あるごとにスタイルを変え、タイミングを見て新しいことに取り組んできました。このあたりは、私のYouTubeチャンネルの過去動画を時系列に並べて見てもらえれば、より具体的に感じてもらえると思います。

ちなみに、現在のショート動画の波はまだまだポテンシャルがあると思っているので、このまま勢いに乗って良い題材をピックアップして動画の更新を続けていければ数年内にはフォロワーが300万人程度になるのではないかと思っています。

SNSでは、日本人トップの著名人のフォロワーは、およそ900万人前後です。不思議なことに、TwitterでもYouTubeでもインスタグラムでも、およそトップ層のフォロワーは900万人前後になります。その中で、いわゆる文化人と言われるような人たちのフォロワーは、トップ層で300万人前後のことが多いです。

なので、私も自分のポテンシャルを出し切って、トップ層の人たちと肩を並べられるように、今後も着実にYouTubeチャンネルを育てていきたいと思っています。

次のフェーズへ挑戦するタイミング

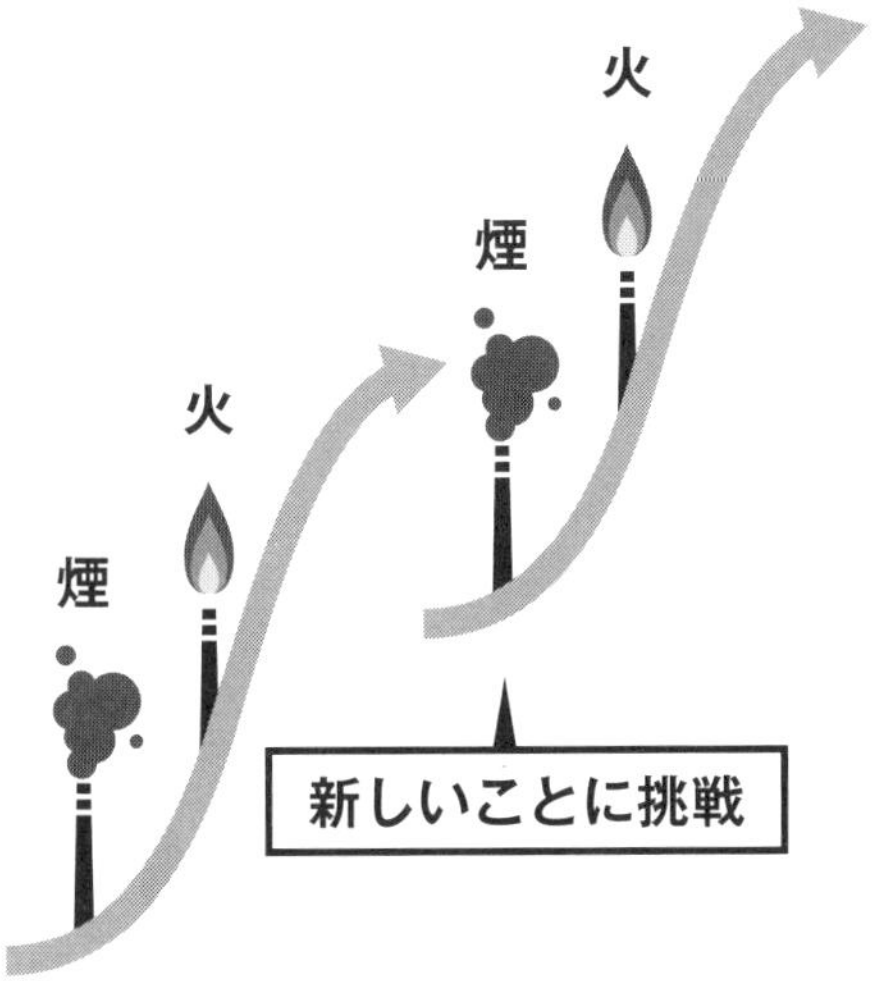

伸び悩んでしまいがちな人の3つのパターン

目標達成に向けて努力し始めたけれど、どうしても失敗してしまうというときは、何を見直せばいいのでしょうか。

こういうときには、いったん立ち止まって、これまでの自分の作戦を見直してみる必要があります。

多くの人がやりがちなのは

①目標の方向性がズレている
②量やペースが足りていない
③固めるべきではないスタイルで固めてしまっている

の3つのパターンです。

①目標の方向性がズレている

これは、目標に向かって努力していたはずが、気が付いたら別の方向に向かって努力しているというケースです。例えば、受験勉強だったら苦手分野を見つけて課題をつぶしていったほうが効率的なのにもかかわらず、ついつい好きな歴史のマニアックな勉強ばかりしてしまう。

また、経営だったら、人脈を広げるために異業種勉強会に出ることを目標にしていたのに、気が付いたら同じ人とばかり飲んでいて全然人脈が広がらない。交流のために始めたゴルフだったのに、だんだんゴルフのほうが楽しくなってしまい、人脈につながっていない。業績を高めたいと思って始めたのに、気が付いたら業績にまったくつながらないようなことに時間を費やしている、といった具合です。なぜ目標に向かう方向性がズレるのかというと、そのほうが楽しいからです。課題をつぶしていくという作業は、必ずしも楽しいばかりではありません。自分の弱点に向き合わないといけないので、多少精神的に苦しいこともあるでしょう。楽しいことをするのは全然悪いことではありませんし、そこから新しい気付きを得ることもあるでしょう。ただ、目標達成のために努力するのであれば、ズレた部分は見直す必要があります。本来の目標をしっかり確認した上で、どの地点で方向がズレたのかを把握し、修正しましょう。

方向性がズレてしまうことは、本当によくあることなので、ある程度仕方がないことなのですが、ズレたまま進んでもそこからは発展していくことは難しいので、行動が目標とズレていないか、その都度自分を見つめ、チェックするようにしましょう。

②量やペースが足りていない

目標を達成するためには、ある程度の量をこなす必要があります。ただ、そもそもこの量が足りていない人が多いように思います。

YouTubeで収益化を目指したいなら、ただ漫然と動画を数本上げただけでは難しいです。

英語学習でも、中学生レベルの英語力の人が映画を字幕なしで聞き取ったり、洋書をスムーズに読んだりできるようになりたいと思うなら、週1回20分程度の勉強では足りません。

もし、本当にその目標を達成したいと思うのなら、もっと勉強や練習のボリュームを上げることが必要です。まずは、日々の生活の時間でどの時間なら目標達成に回すことができそうなのかを考え、ペースを上げることを意識しましょう。

③固めるべきではないスタイルで固めてしまっている

これは、中途半端に成功した場合に起きやすいケースです。例えば、YouTubeで活躍したいと頑張っていたとします。最初の目標としてフォロワー数10万人を目指していたはずなのに、気が付けば1万人のフォロワーで止まってしまっている。このままだと、停滞または下降するだけなので、思い切って方向転換したほうがいいかもしれないと感じてはいるものの、いまいる1万人のフォロワーが離れてしまうのが怖くて、試行錯誤や方向転換ができないまま、漫然と現状が維持されている。これは、まだ方向性を固めるべきではないのに、成功にしがみついてしまっている状態です。1万人を獲得したのと同じことを繰り返していたのでは、いつまで経っても目標にはたどり着けません。

かくいう私自身も、キャリアを積んで、成功体験にしがみついて、感性が劣化したなと感じたことがあります。TikTokに参入したのは、このアプリが「世界で最もダウンロードされたアプリ」になる前後でした。もっと若かったら、早いうちにぱっとインストールして、いろんなことを試したと思います。すでにYouTubeに取り組んでいて、弁護士としてもスタイルが確立していたからこそ、トレンドに気付くのにかなり遅れを取りました。

自分でも体験したからこそ、あえて強調します。自分で「頭打ちになったら次へ」「先が見えたら次へ」と意識しておくこと。こうすることで、自分がオワコン化するのを防ぐことができます。

時には視点を変えてみよう

もし行き詰まりを感じたら、少し客観的になって目線を変えてみるということも有効です。それだけで、世界ががらりと変わることもあります。

これは、私がYouTubeを始めるきっかけになった不動産会社の社長のところで、以前働いていた男性のケースです。

彼はもともとは不動産会社で働いていたのですが、社長の後押しもあり、自分の強みである「旅」を活かして、YouTuberになりました。

ある日、社長から「キャンピングカーを用意してあげるから、日本を縦断して、その様子をYouTubeで配信してみたら?」と言われたのがきっかけでした。

当初は、相方と二人で日本を縦断し、その様子をＹｏｕＴｕｂｅで配信するという企画だったのですが、東京からスタートして静岡あたりまで行ったとき、キャンピングカーが故障してしまったのです。

その時点では、確か、アップした動画は十数本ほど、フォロワーは数百人程度でした。キャンピングカーの修理に時間がかかるということで、今後の企画をどうしようかと悩んでいたところ、その社長が「車を修理している間、何もしないでいるのはもったいないから、アメリカにでも行ってくれば？　アメリカ横断とかも面白いと思うよ。現地で使う車は用意してあげるから」と言い出しました。そこで意を決して、アメリカに渡ってアメリカ横断旅行の動画を配信し始めたとたん、それまで数百人程度と停滞気味だったフォロワーが、一気に5倍、10倍と増え出したのです。

動画内での二人の掛け合いは変わらないのに、背景が日本から海外に変わっただけで、潮目が一気に変わりました。

キャンピングカーが故障するという不運を、幸運に変えたと言えます。いま二人はそれぞれ独立して、別々のYouTubeチャンネルを運営していますが、二人ともフォロワーは30万人を超え、書籍を出版するなど大活躍しています。あのとき、もしキャンピングカーが故障せずに、そのまま漫然と日本縦断旅行を配信し続けていたら……と思うと、ゾッとします。車の故障という不運で、半ば強制的に視点が変わったことでものにしたチャンスでした。

行き詰まったら目線を変えてみるということは重要です。これだけでも意外と不運だと思っていたことが、チャンスに変わることも多々あります。

前述した『ビジョナリーカンパニー4』というビジネス書の中で、企業衰退の原因について分析された興味深い考察があります。それは、業界水準を優に上回って成長し続けたグレートカンパニーでも、小さな判断ミスが積み重なるだけで業績が傾いて、衰退していくことがあるというものです。

この本によると、衰退が始まる最初のきっかけは「傲慢」。言い換えれば、自分や会社の能力を過信してしまっていることにあります。大失敗する企業は、その少し前まではかなりイケイケで、勘違いをしてしまう。すると思わぬところで足をすくわれるのだと言います。

そして、もうひとつの要素が、「虚栄」。虚栄も人をダメにします。いいかっこうをするために身の丈に合わないことをすると、失敗を招いてしまいます。

弁護士として出会ってきた社長でも、傲慢がもとで失敗してしまった人をたくさん見てきました。たまたま市場が盛り上がったおかげで企業として成長したのに、それを自分の実力だと勘違いしてしまう。それで、お酒を飲んで出社したり、社員への対応が横暴になったりと、勘違いをして、消えていってしまう人がたくさんいました。

とはいえ、私自身、20代のころは「傲慢」の塊で、多くの失敗をしました。そもそも高卒から司法試験合格を目指すという試み自体も、自信過剰ではなははだしい試みだったと思います。きっと周囲の大人から見たら、生意気な若者に見えたのではないでしょうか。

ただ、私は失敗もしていいと思っています。失敗しつつ、すねに傷を抱えながら、次のチャレンジをすればいいのです。**大切なのは、自分の失敗に気付き、しっかりと立て直して前に進むことです**。

私の場合、何か嫌なことがあってペースが乱れてしまったときは、考えすぎてもろくなことがないので、お風呂に入って早寝します。あとはランニングしたり、サウナに行ったりして頭を空っぽにします。必ずしもサウナじゃなくても良いのですが、何か血のめぐりを良くするような趣味があると、気分転換に良いと思います。つい複雑に考えがちですが、睡眠を取る、運動するといったシンプルなことで、意外と立て直せることも多いです。

「SWOT分析」で戦略を立て直す

もしもあなたが伸び悩んでいるなら、もう一度現状と目標について分析を進め、作戦を練り直してみてください。目標について進み出すと、最初に思い描いていたよりも深く現状について認識できます。さまざまな分析手法がありますが、中でもマーケティングでよく使われる「SWOT（スウォット）分析」がオススメです。「SWOT」とは、Strength（強み）、Weakness（弱み）、Opportunity（機会）、Threat（脅威）の4つの要素の頭文字を取っています。一般的には、事業の分析をするために使いますが、自己分析にも使えます。この分析の過程で、改めて自分の強みや弱み、目標達成を阻む要因などを可視化することができるので、新たな気付きが生まれることも多いです。

分析するこの4つの要素は、（1）内的要因と（2）外的要因の2つに分けられます。

（1）内的要因：自分に関すること

S（強み）得意なこと、周りと比べて有利な点

W（弱み）苦手なこと、周りと比べて不利な点

（2）外的要因：環境、市場など自分の外側のこと。自分では変えることができない。

O（機会）チャンス。市場や社会の動きなど、自分に有利な状況

T（脅威）ライバルの動き、自分にとって不利な状況

4つの要素について書き出したら、それぞれをクロスさせて、例えば強み×

機会、弱み×脅威などといった具合に、戦略を導き出していきます。

では、「ブログによる副業収入で月20万円を目指す人」を例に、この分析をやってみましょう。まずは、4つの要素についてそれぞれ考えてみます。

S（強み）：培った専門知識、SEO知識、SNS連携による流入増加
W（弱み）：文章力、デザイン性が低い、副業なので時間がない
O（機会）：専門知識の需要増、ブログの参入者数増加、会社が副業を後押し
T（脅威）：ライバルが多数参入している

次に、それぞれの項目をクロスさせて、戦略を導き出してみましょう。

例えば、W（弱み）×O（機会）なら、ライバルを分析したうえで、ライバルを も上回るような文章力やデザイン性を高める講座に通う、といった具合です。

このようにして、これまで自分が取ってきた戦略を俯瞰的に分析して、アップデートしてみるのも良いと思います。

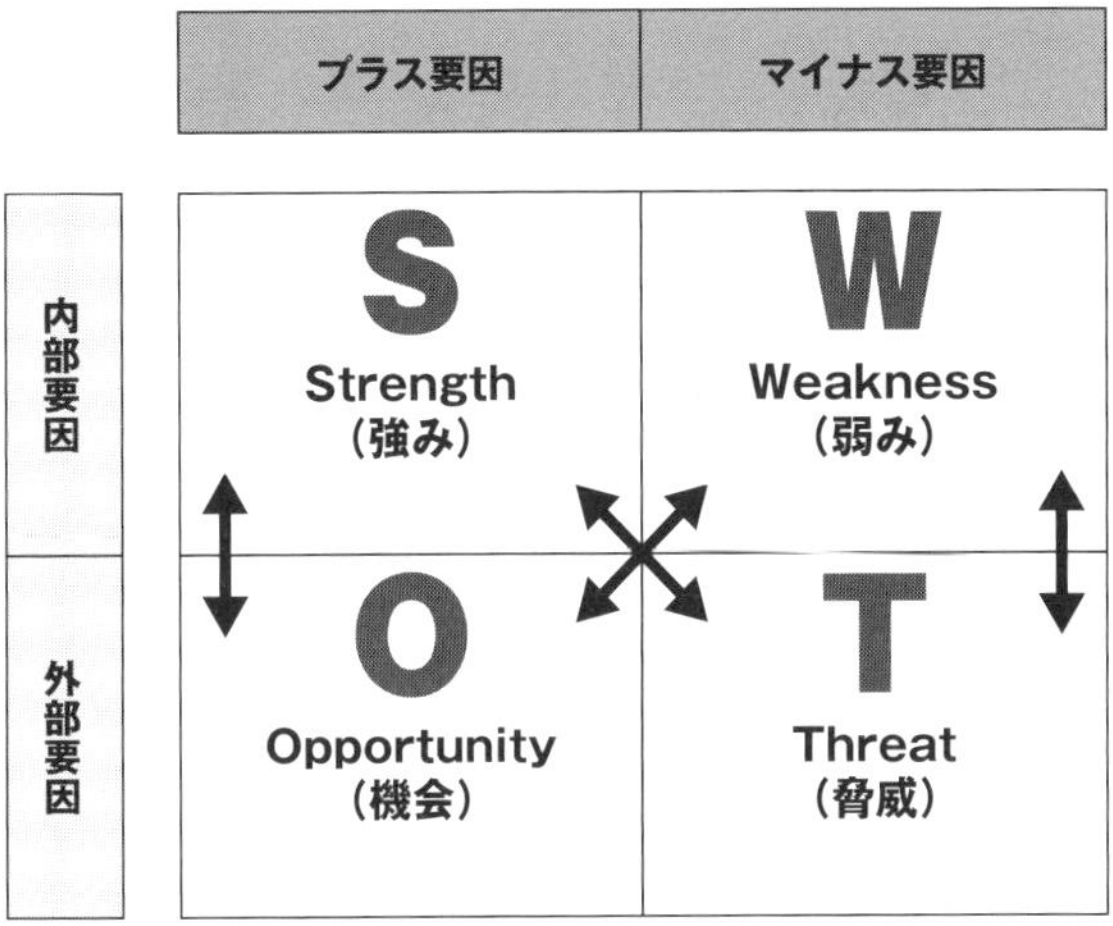
プラス要因
マイナス要因
内部要因
外部要因
S
Strength
(強み)
W
Weakness
(弱み)
O
Opportunity
(機会)
T
Threat
(脅威)

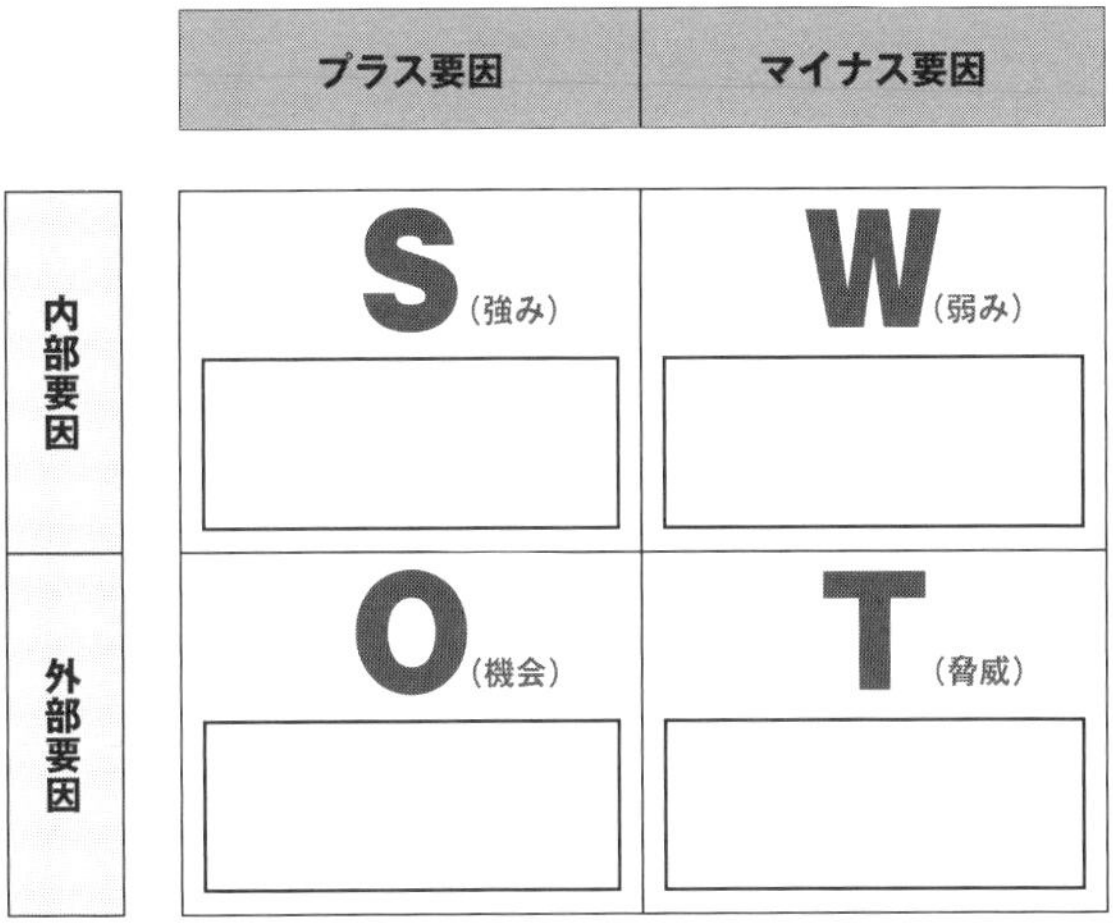
プラス要因
マイナス要因
内部要因
外部要因
S(強み)
W(弱み)
O(機会)
T(脅威)

あなたが変われば、あなたも社会も利益を得られる

法律用語に「逸失利益」という言葉があります。

「逸失利益」とは本来得られるべきであったのにもかかわらず、債務不履行や不法行為が生じたことによって得られなくなった利益のことを指します。

私は、ある意味、チャンスがあるにもかかわらず、変化を恐れて変わらないでいることは、逸失利益的な損失が生じていると思っています。正しいタイミングで変化をしていれば得られていたはずの利益が、変化を恐れたがゆえに、または変化することを面倒くさがったがゆえに手にできなかった。変わらないことで損をしていると換言できるのではないでしょうか。

変化が多い時代だからこそ、いまの時代はチャンスに満ちています。先の見

えない社会は恐ろしいかもしれません。でも、先が見えないからこそ変えられる。**一歩踏み出したその先は、チャンスがあふれているのです**。

司法修習時代の同期でも、花形の大手事務所に入ったにもかかわらず、そこを辞めていった優秀なメンバーがたくさんいます。一昔前であれば、大手事務所に入って修行を積み、その事務所のパートナー弁護士になるというのが一つの成功モデルでした。しかし、変化の多いいまの時代では、その成功モデルも色あせることがあるようです。自らの意思で大手事務所を去ったメンバーは、その後、ベンチャー企業に参画したり、自分で新たなビジネスを起業したりと大活躍しています。

私は、**世の中は本当にチャンスに満ちあふれている**と思っています。

みなさん一人ひとりがキラキラの原石です。その魅力を引き出し、最大限に輝くためには、本人がしっかりと人生の目的を持ち、その才能を開花させよう、世の中と化学反応を起こしていこうと、自らが思わないといけません。

そうでないと、自分が世の中に埋もれてしまうからです。これはとてももったいないことだと思います。

私のこれからの役割は、経営者としては、会社のスタッフの可能性を開花させる、YouTuberとしては、世の中と化学反応を起こしながら自分のポテンシャルを開花させることだと考えています。そして、みなさんにもぜひ自分自身の可能性を開花させてほしいと思っています。

もしかすると、中には「自分には才能がない」と思っている方がいるかもしれません。そんなことはありません。大丈夫です。想像もできなかったような素晴らしい場所にたどり着いて、人生を楽しんでください。

光の当て方、ものの見方によっては、弱みのように見えていることも、実は強みだったりします。それをしっかり見つけてあげて、世の中と化学反応を起こして好循環を生み出すことができれば、自分で思っているよりも、はるかに高い目標にたどり着くことができます。

自分には可能性やチャンスしかないんだ、と自覚したうえで、みなさんのポテンシャルを出し切って、想像もしないような素晴らしい場所で人生を楽しんでください。

いままで「自分は運がない」と感じていた人も、本書で紹介した引き寄せチャートで運を味方につけてください。

そして、「世の中にはチャンスしかない」と言い続けましょう。これはスピリチュアルや自己啓発的な話ではありません。何度か本書にも登場したRASの力で、プラスの言葉を発することで、脳内にも刻まれ、それに引き寄せられて、本当にチャンスにつながる物事が飛び込んでくるようになるのです。

まずは騙されたと思って、自分の頭の中で「世の中にはチャンスしかない」とつぶやいてみてください。

本書を通じて、みなさんの人生が輝かしいものになることを願っています。

自分の目標が見えたら、人目に付く場所に掲げよう

最後に、本書のワークで自分の目標が見えてきたら、まずは紙に書き出してみましょう。そして、その目標をできるだけ人目に付く場所に掲げましょう。こうすることで、自分の進むべき方向がより明確になっていきます。

なぜ、自分が進んでいく方向性が明らかになるのか？　それは、目標を人目に付く場所に掲げることで、その目標を達成しようと取り組む意識が向上し、達成できる確率が高くなるからです。

これは、ロバート・B・チャルディーニが書いた『影響力の武器』（誠信書房）でも紹介されている「一貫性の原理」に基づいたものです。

人には、自分の言葉・考え方・行為を一貫したものにしたい、という欲求があり、自分の言ったこととは違う、自己矛盾するような行為をした場合は、不快に感じるのが通常です。自分自身の中で、信条に背くと罪悪感を抱くことがありますが、他人に向けて宣言していると、目標に反する言動をすれば、人に対して恥ずかしいことはできない、信頼を失いたくない、という意識が生じ、より背きにくくなります。つまり、その分、頑張りやすくなるのです。この一貫性の原理による効果は「コミットメント効果」と呼ばれることもあります。「結果にコミットする」のスローガンで知られるライザップも、おそらくこの原理を意識していると思われます。

・ライザップに月謝・報酬を支払う。
・支払ってしまった以上は結果を出せるよう、自分を意識づけて、食べすぎないようにし、運動もする。
・トレーナーに対して、背信的行為をできないので、痩せるという結果にコミットする行動を自然と取るようになる。

・その結果として、痩せるという目標を達成できる。

という流れです。

何より、目標を人目に付く場所に掲げることで、達成に向けて、自分を意識づけることができます。

目標は、現状維持の快適な場所（コンフォートゾーン）にいては絶対に達成できません。なぜなら、目標を達成するということは、こちらからあちらに移動するということで、その過程では必ず変化に対する抵抗が生じるからです。この変化に対する抵抗に打ち勝つためにも、初心を紙に書き出して人目に付く場所に掲げておくことが有効です。

さらに、目標が人目に付くことで、周囲から応援を受けられる、というメリットもあります。「○○の勉強をしているんですよね？」と言われ、試験前にシフトの融通をきかせてもらえたり、教材をもらえたり、有形無形の応援を得られることがあります。

逆に目標を自分の心の中だけに置いて明らかにしないままでいると、目標達成を困難に感じたとき、簡単に目標を諦めてしまうことがあります。

「一貫性の原理」の逆です。

誰にも言っていなければ、やめても自己矛盾を感じにくく、人の信頼を失うこともないのでやめやすいのです。さらに、目標を明らかにしないでいると、現状維持の快適な場所（コンフォートゾーン）にい続けやすいといったデメリットも。自分がやりたいときだけやって、やりたくないときはやらないでも済む感じになり、やがて、まったくやらなくなってしまうなんてことも……。

これでは、困難な目標を達成できる確率は下がってしまいます。

だからこそ、目標はできるだけ紙などに書き出して、人目に付く場所に掲げるようにしましょう。

ここまでの内容を踏まえて、最後のワークです。
下図の空欄に記入してください。

自分の目的と目標を知り、時代と運を味方に付ける。

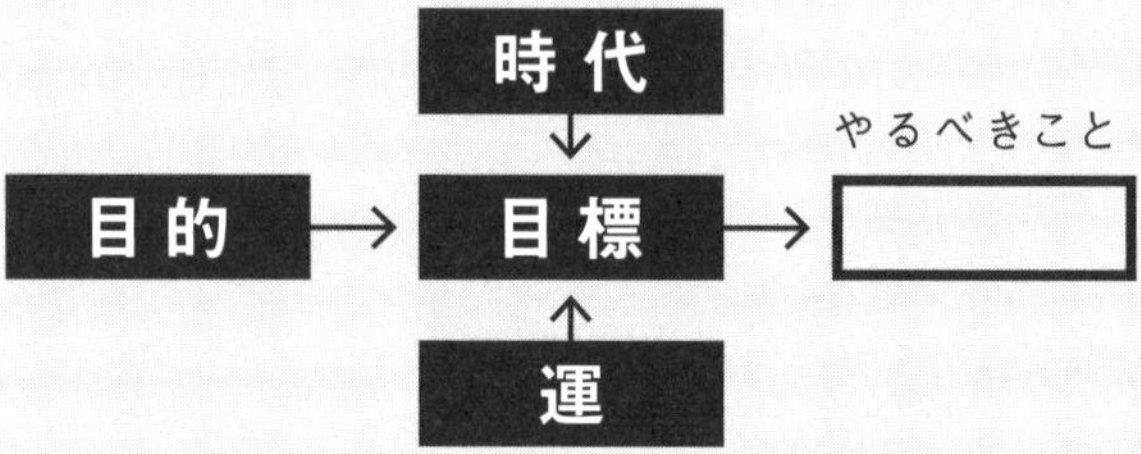

あなたの目標は何ですか？

この目標をいつまでに達成したいですか？

そのためにはまず何をしますか？

■ 記入日　　　年　　月　　日　署名

※このページをコピーして、人に見える場所に掲げましょう。
また目標は達成ごとに変化するので、何度でも書き直してください。

他の人の目標を知って
自分のモチベーションアップに
つなげよう!

マーケティング心理学の中には「コミットメントと一貫性の原理」というものがあり、【ただ心の中で願いを思うよりも、実際に願い事を紙に書くなど、形にしたほうが効果的である】という検証結果があります。

また、他の人の目標を目にして共感することは、自分自身のモチベーションアップにもつながっていきます。

本書を執筆するにあたり、私の動画内で神社の「絵馬」や、七夕の「短冊」に願い事を書くイメージで、いろいろな方に人生の「目標」となる願いを寄せていただきました。
次のページから、寄せられた「願い(目標)」を紹介します。あなたと同じ目標の方がいるか(何人いるか)確認してみてください。

国公立大の法学部への進学！（あちゅ）

来年こそは公務員試験に合格する!!!（カレー屋）

幸せになりたい!!（Y7Y6K829）

会社を経営し、大富豪になる（かかし）

薬を通して、大勢の人を救う。（係長）

ちゃんと将来独立できますように（はつお）

大人になったら親に仕送りをしたい。（熱男羊）

ダンスサークルのメンバーに引けを取らないbboyになる（コージ）

国民が安心して過ごせて夢や目標を叶えれる日本を守れる男になる（エメラルド）

もっとタケシさんがバズって欲しい！（とあるリスナー）

私のオリキャラを有名絵師さんのように超有名にさせることです。（るねのん）

獣医になって動物シェルターをつくる（スティック）

俺の漫画を雑誌に掲載させる（NOBU）

努力できるようになりたい。怠けない自分になりたい。（ユキ）

武志さんのような弁護士になりたい！（ツキタ）

みんなと仲良くできて、勉強もしっかりできるようになりたい（りゅうちゃん）

弁護士（Octo）

ファッションデザイナー（37）

2年ぶりの推しのライブ完走してみんなで楽しめますように（さるさる）

世界一有名なVtuberになって、自分の水族館を持ちたい！（海月徒のあ）

あの人とお付き合いできますように…！（斜線の人）

テストの点を各教科20点上げたい（かかってこいや当局）

たくさん勉強して第一志望の高校に合格する！（白うるり）

目標は、APEXのプロゲーマーになること（中神くはく）

海外のサッカークラブのクラブスタッフとして働くこと。（TSK）

声優として生計を立てる！（掃除機）

東京大学に合格する（今日のあいうえお）

ヒカキンさんみたいな立派なYouTuberになる！（いちこうチャンネル）

柔術で日本一になれますように　ヒカル（ヒカル）

小学校の先生になる!!（大根のような小エビ）

2年後に現役で京都大学経済学部文系で合格する!!絶対!!（T）

大学1年生のうちに彼女が出来て、幸せになりますように。（りょうき）

いつでも自信を持てるようになりたい（ナルカミ）

リボ地獄から脱出し、サイドFIREする！（ゆけ）

ゲームプログラマーになる（みやび）

障がい者で起業をして、困ってる人を1人でも救う!(ヒロさん)

公務員になる(りょうすけ)

イラストレーターになりたい!!(高木)

プログラマーになる!(いちこう)

楽しく生きたい・ゲームをもっとしたい(EMMA)

不労所得。(るる)

偏差値70!!!!!!!(武野岡志)

明るくなれますように!(むーん)

モジャ君gamingをトップユーチューバーチャンネルにする!(モジャ君gaming)

教員採用試験に合格する!!!(丸)

熟年離婚もなく、親が老後仲良くしていてくれますように。(茉莉愛)

ボカロPになる(なーふぉ)

一級建築士になって有名になる!!!(はまち)

欲しいものを全て手に入れる(矢中ゆぅゆ)

タケシ先生のように独学で司法試験合格して弁護士になる!(とある学生)

サッカー選手(しゅう)

転職を成功させ、25歳で彼と結婚する!(あんころ)

日本全国の鉄道路線制覇(1000系未更新)

システムエンジニア[SE]になる!(えるちゃん)

世界のコロナに対する経済政策を行う!(あおあおこ)

将来動物の栄養士の資格をとって動物の保護施設で働きたい(るこちゃん)

自分らしく生きていけるようになる!(水風)

司法書士の資格試験の勉強を受かるまで諦めずに続けて合格する!(ミエマスカレード兄貴)

みんなから憧れる先生になれますように。(ノン)

農業系大学に合格して、高齢化してる農業を救う!(ひらりん)

劇場をつくり、俳優やダンサーに貸して公演を支援することです!(ゆうすこ)

将来安定した暮らしができますように。(ぶっしー)

多くの人の人生に影響を与えるような作業療法士になる(あらし)

家の回り全部道路(よっちゃん)

刑法全て覚えて政治家の闇を暴く(Mts)

漫画家デビューしたい。2ヶ月に一本読み切りを描く。(柿丸巧菜)

僕の目標は、起業家になる事です(しょう)

チャンネル登録者数1000人達成すること!!(Keiwann)

京大に行きたい!アニメソングシンガーになりたい!(つばさ.N)

自分が設計したロケットが人を乗せて空を翔ぶこと。(ぱーぷる)

日本を再興させる。（あっしー）

プログラマーに俺は、なる!!!（やらかした中学生）

農業や食で世界中の環境や飢餓、格差の問題の克服に貢献したい。（こーゆー）

ヘルニアを治す（そだてんん）

恐怖に打ち勝つ（@TTT）

教員になる（♪♪♪ナナ♪♪♪）

自分と関わった人が皆幸せになりますように（なな）

差別の出来ない社会を実現させたい!（maman）

国家公務員になって安定した生活を送り、親に恩返しします!!（Suzu）

「価値のない人間だ」と思う自分に、価値があることを証明する。（らぬまじゃん）

イラストレーター（くまくん）

受験、第一志望のスタンフォード大学に受かりますように。（せんじょうぎ）

自分が自分のままで周りに流されることなく強く生きれますように（プロテインは命）

家族と向き合って会話したい（黒川瑠奈）

プロゲーマー（たたた）

12月の資格試験に絶対合格したい!（えぬ）

高校3年ですが検事になる夢があり法律勉強中です。（Yuto.K）

受験合格!そして、煌びやかな青春を迎えること!（がーな）

家族が長生きしますように（Simple）

人として、皆んなを家族を幸せにして行きたい。（RM）

2025年に司法試験合格して弁護士になる（しがない法学部生）

京大の法学部に絶対受かる!（オギーーー）

花粉症をなくしたい。少なくとも症状を抑えれるようにしたい!（ふ?と）

数学検定1級に合格したい!（試験管）

人を笑顔にする人を支える仕事（kohaku）

学校に行けるようになる（まんじゅ）

会社を起業して日本のスマホ事業の遅れを取り戻す。（たぴ）

芸能、音楽関係の仕事に就くこと。ジャニーズと繋がりたい。（るなお）

保護者に安心して預けて貰えるような保育士になること。（諏訪）

簿記3級に合格して、就職を決めたい!（しろくま）

YouTubeの登録者が1000人超える!（パラ）

明治大学に現役で合格したい!（わらびもち）

大企業に入れますように（hika）

ベガルタ仙台優勝（サポーター）

読み終えた人が満足感を得られるような作品を書く作家となりたい。（おにぎり）

函館を世界的なエンタメの街にする！（紅深戀）

司法試験を突破し、岡野先生のような素晴らしい弁護士になる！（ちーば）

プロゲーマーになれますように（隼人）

専業投資家として独立する!!!（かずや）

世界中を歩ける旅人になって自分の目で世界を見る！（くるぶ氏）

もう一度自分たちの舞台をつくる！（ずっきー）

働きながら世界一周をして暮らしたい！（はりぽぉ）

いろんな人の心を救って死にたいと感じる人を助け出す仕事がしたい（はるきんぐ）

小学校教師になる！（ラナット）

大好きな人と結婚できますように（ウニ）

旦那との間に元気な赤ちゃんができますように（かとりん）

アイドルになりたい（まお）

目指せ！エキノコックス根絶！つくれ！夢のもふもふ王国！（アマツ）

自分に自信が持てるようになりたい！（テルルン）

社会福祉士か精神保健福祉士になりたいです。（Miyabi）

超有名な俳優になること　東大に入ること（ゆきゆき）

プロ野球選手、弁護士（トモタイ）

自分の力で多くの人を笑顔にしたり喜んでもらえるような事をする（サボテン）

全世界が平和になる（一帆一帆）

大学での勉強を頑張って、研究者になりたい!!（モーリン）

社会科を「面白く」教えられる教師になる（りゅーいち）

警察官になって市民の安全を守ること。（安室ちゃんのファン）

HSK6級合格！（ななこ）

東大に入って日本の貧困や安全保障に関わる国家公務員になりたい（みみ）

国家試験に合格して、診療放射線技師になること（かじ）

無事に出産し母子共に健康でいれますように（ちぃたそ）

お母さんを楽にするぞ（うみうし。）

彼女が出来ますように（ちゃみ）

フォートナイトアジア一位になりたい！（KING）

自転車競技選手（こうた）

ケアマネの資格を取る為に勉強して試験で絶対に受かりたい。（ゆきみ）

営業成績トップ。年収1000万円（まっちゃん）

2025年までに司法試験に合格して裁判官になる！（東雲）

若さゆえの勇敢さで輝く人生をつかみ取ってみせる!!（Sayafer）

一橋大学へ入学する（きたむら）

税理士になって自分の事務所を立ち上げる（まおうのつかい）

どんなゲームもヌルヌル動く高性能PCが手に入りますように（ろっく）

心理学の知識を発信して、人間関係で悩む人の救いになりたい（おれ）

公認会計士とUSCPAを取得して、色んな国で仕事をしたい。（カズマ）

公認心理師の資格を取る。大学合格する（ねじ）

ディズニーランドを貸しきりにしたい！（ダッキー）

岡野さんみたいな凄い弁護士になる！（おぞうに）

テストで順位4位（ばんくん）

RTAで世界記録を取ったり、YOASOBIの2人に会いたい（liras）

ドイツに留学したい。（ナベービー）

せどりのビジネスで、月収100万円を達成する！（みやこ）

大学の研究者になりたい。小説を書きたい。（れなれな）

有名なDJになりたい！（Jackal）

岡野弁護士みたいに人を楽しませながら役立つ情報を発信したり誰かの弁護をしたい。（音鴨頭）

大学で心理学を研究して、地球を愛する人になる！（Rio）

大学に合格してますように!!!（はまち）

推しと同じ仕事の配信者になっていつか推しと配信したい（ハカナシ）

来年の秋までに体重がいっぱい減りますように！（ほのか）

自分が大切な人を幸せにする（あおい）

もっと面白くて、みんなが楽しめるような文章を書ける様にする！（文芸兼演劇部）

必ず一級建築士になって、自分や友達の家を建てる!!（チェザリ）

弁護士になって素晴らしい技術者たちの権利を守りたい（ブルース）

誰からも信用される人になる（ワタワタワタ）

高校に入れますように（バルス）

絶対志望校に合格して、高校大学を楽しく過ごす!!（川崎急行）

2021年中にYouTube登録者1000人突破！（35歳でも夢は無限大）

いつか自分が楽しいと思えてみんなのためになる仕事をしたい（メーカ）

受験勉強を活かすこと。数学や歴史を積極的にファッションに取り入れて、新しいオシャレを追求します。（しゅーた）

フォトグラファーとして働きたい（Z?ckey）

イラストレーターになりたい！（ぴよこ）

雪合戦で日本一！（having）

アルミ缶アートで成功する事。（工作人カイセイ）

漫画家になれますように！（OGATAMA）

YouTubeになって人気になること（りっつ君）

鉄道会社に就職したい！（安藤勇太）

自分で書いた小説を挿し絵つけて書籍化したい!(とむけ)

大学4年間でTOEIC満点、英検1級を取得!(ゆっこ)

告白する勇気を手に入れる(る?)

中卒だけど、司法試験に受かりたい!(れい)

自分の夢を追いかけて高校受験で第一志望校に合格すること。(いっかー)

志望校に合格する(ぽんじゅーす)

中学受験で合格し、司法試験に合格すること(タックンタッシ~)

好きな人に告白する!!!!(まっきー)

1人でお金を稼げるスキルを身につけて幸せな家庭を築く。(けんぽー)

働いたお金で、家族をカリフォルニアのディズニーに連れて行く!(いえべん)

元嫁と再婚して子供たちとまた一緒になれますように。(あーるくん)

じゃんけんで勝ちたい(黒胡椒)

高校の国語教師になる!!(アクアン)

人に誠実に、自分に嘘をつかず生きる。(ず)

新しい「当たり前」をつくる(けんた)

弁理士試験に合格すること(おかわり)

税理士(アトム法律事務所好き)

統計を使いこなして統計といえば私。みたいな人になる!(ミタコ)

淡路島で悠々自適にのんびり暮らすのが夢です!(しずくのおと)

昆虫学者か岡野武志さんみたいな素晴らしい人になりたい(水兎)

100の資格を持つ男になる(ひのき)

第一志望の大学に絶対受かる!(浪人秋刀魚)

料理が上手くなりたい!(ケイタ)

フリーランスで30万を超える収入を得る(torokoko)

目標　大学に行く(しんころ)

世界の人々の架け橋になれるような英語を話せるようになりたい!(実歌)

私の夢は看護師になり、たくさんの人を助けたいです。(あおりんご)

エアラインパイロットになる。(Matsu)

テストで、すべて100点取る(しょーさん)

憧れの人と付き合う!!(マイケル)

2023年度 土地家屋調査士になる!YouTube開始する!(R.I)

大学受験第一志望合格??(マホ9)

誰かの心の支えになるような歌をつくりたい!(アヤピーマン)

卒業までに好きなあの娘を彼女にする(リューヤ)

養護施設、被虐待児など苦しい子どもが少しでも笑える社会つくり(建城)

誰もが幸せに暮らせる街にするために人の役にたちたい(ハッシー玲)

志望大学合格して、教育アプリを開発する会社を起業して世界中にいる自由に教育を受けれない子供たちを救う（りりり）

警察官になる（甲斐）

命の恩人とも言えるゲームに恩返しを!プログラミングの勉強中です!（シンセサイザ）

他人と自分を比較して嫉妬をするのではなく、自分に自信を持てる人間になること（グリコ）

第1志望合格しますように。（かの）

放射線技師になるぞー!今中学生なので、高校内容の勉強のためにも、今から毎日コツコツ勉強するぞ!（りょーち。）

動画編集者になりたい!（らたー）

プログラマー・ゲームクリエイターになること（imukaTT）

来年の教員採用試験に合格する!（Taboo）

差別や争いがない世の中にしたい（あとむん教授）

テストで良い点をとりたい!（そうたん）

世界の常識を覆すような大発見をして、友達もいっぱい作って、幸せに暮らしたい。（願いを叶えたいお星様）

大学生で公認会計士試験合格（あかね）

ポジティブシンキングができるようになる（叶夢）

僕は将来人気者になって、楽しい仲間達と大はしゃぎとかしたいです!（タッキークリステル）

革新的なアイディアで自分の将来を安定させるようなビジネスを確立する（KJ）

体を鍛えて部活で活躍したい（たんく）

これからの日本の健康を守るナースになりたい!!（あーここ）

大学に絶対に受かる!（コーイチロ）

元カノと復縁できますようにそして結婚でき幸せに暮らせますように（やまちゃん）

いろいろな人の教育を支援する特別支援教諭になる。（青葉カナエ）

絶対に司法試験に合格して多くの人に「法律は自分の良きパートナー」だということを知ってもらう!（はる）

今度こそ、国公立の医学部保健学科検査技術科学専攻に受かる!（水飴の姿煮）

夢中になれるものを見つけて、毎日ワクワクして生きていること（真夏のサマー）

CGアニメーターとして制作&vtuber業界を盛り上げたい（Gun PICK）

プログラマーになり、社会の役に立ちたい。（中3男子。）

最後まで自分のやりたいことを貫いて生きること。（とくみょうせい）

行政書士になる!（うちまるさん）

困っている人を助けられるかっこいい大人になる!（ぐーす）

ゲーム音楽をつくりたい。自分だけの音楽をつくりたい!（れす）

作曲・編曲家として自分の曲を出し、好きなアーティストさんに楽曲提供したい。（Mr.SPR）

いい研究をして、世界の謎をもっともっと解き明かしたい。(さざんがく)

プロ卓球選手になりたい! (んご)

いつか腹筋が割れますように (かなち)

法学の修士・博士課程に進んで、法をもっと深く勉強してみたい。(み?)

大切な人を幸せにする! (グリッチGURI)

お金を大量に取得して何不自由ない生活を送る事。(ハックロ)

大学生活で出会った全国の友人に、元気な姿でまた会えますように (たかはしたくみ)

ハラスメント問題に特化した弁護士になる (たきにだろひし)

大金持ちになって豪邸で暮らす。(高木さん)

カフェのオーナーになりたい! (くらげ)

父を超える立派な行政官 (カネゴン)

祖父・父の仕事を継ぐこと。(こう)

自分に誇れる人間になる事 (Rhydon)

Youtubeを成功させたい (とくめい)

年収1千万プレーヤーを目指す!!!頑張った分は報われたい!!! (カマバン)

イラストレーターになれますように。(くろる)

作家になってみんなを喜ばせたい! (まっちゃん)

検察官になって岡野さんと法廷で戦う (日本の星)

女社長になる!来年8月で50歳!それまでに達成します! (ねずみのチロ)

習字の師範になりたい (あゆ)

公認会計士になる。(ケン)

スクフェス全国大会優勝 (な)

言語聴覚士国家試験に合格しますように! (ゆの)

子どもが健やかに成長できる、物的、人的、心的環境を整えた幼児教育、保育を行う保育者になること (ありさわきりん)

バレーボールが上手くなりますように!!! (きなこもち)

フランス移住 (さやか)

将来、今の不安や持病に負けず楽しく生きていけますように (つのつの)

将来投資や起業に成功してお金持ちになりたい (うまる)

都会の方に住みたい!! (素焼きくるみ)

FXで億稼ぐ (偽物の偽物)

世の中に戦争がない平和な生活を送ること (テラ)

アクチュアリーに10年以内に絶対なってやる!夢叶えてみせる! (ちゃかぽん)

慶応義塾大学に合格したい (ジャイケル・マクソン)

受験頑張ります!! (ぶっころりー)

来年の行政書士試験に合格する!! (レインメーカー)

岡野武志弁護士のように法律をたくさん学びたいです。(アッキー)

おわりに

本書を最後までお読みいただきありがとうございます。「人生最強逆転メソッド」いかがでしたか。本書を読み進める中で「なんだ、そんなことか」「当たり前のことじゃないか」と思った方も多いと思います。実は、私自身が、出来上がった本書を読んで、同じような思いをしています。

半生を振り返りながら本書を執筆する中で改めて感じたのは、「目的と目標を明確にする」「社会と時代と運から後押しされるために、独りよがりにならない」「結果が出るまで変化と集中を繰り返し、絶対に諦めない」といった当たり前のことを、いま一度確認することの大切さです。

人生は、後から俯瞰すれば「なんだ、そんなことか」と思えるようなことでも、リアルタイムで渦中に放り込まれている状態では、なかなか解決策が分からずに悩んでしまうことも多いと思います。そんなときはどうか、自分にとっての生きる目的は何か、自分にとっての北極星はどの方向に輝いていて、そこに近づくためにはどの山々を越えていく必要があるのか、自分の「人生の地図」を再度確認して、必要があれば地図を書き直してみてください。

私も、いまは涼しい顔で「人生最強逆転メソッド」などという大層なタイトルの本を書いていますが、ここに至るまでの過程は、失敗や挫折、痛い勘違いや思い違いといった、赤面ものの黒歴史で塗り固められています。

本書は、私の半生における「人生逆転メソッド」です。この方法論は、完成品ではなく、オリジナルにカスタマイズ可能な暫定版です。ぜひ、あなた自身の人生に当てはめてみて、自分に合わない部分はカスタマイズし、あなた自身の逆転劇を実現して、オリジナルの「人生逆転メソッド」をつくりあげていってください。いつの日か、SNSのコメント欄やDM（ダイレクトメール）で、あなたからの成功報告を聞ける日を楽しみにしています。

最後になりますが、本書の制作に関わってくださったKADOKAWA社のみなさま、本書が無事に完成して安心しています。本当にありがとうございました。また、SNSで募集した「あなたの夢や目標を『人生逆転最強メソッド』に書き込もう！」企画に応募してくれた五千名の方々。紙面の関係で本書には一部しか掲載できませんでしたが、いただいた投稿はすべて、ポスターサイズのデザインに落とし込み、カラー印刷して事務所の壁に飾ってあります。本当にありがとうございました。そして、私のプライベートの友人たち、特に、私がまだ何者でもなかったころから「赤面ものの黒歴史」を一緒に共有し、仲良くしてくれた一人ひとりに、本書を捧げたいと思います。あのころがあったから、〝いま〟があります。

本当にありがとうございました。

2021年10月末日

岡野　武志

【参考文献】
・『ウォーリーをさがせ!』（フレーベル館）　著:マーティン・ハンドフォード
・『マネジメント[エッセンシャル版] - 基本と原則 』（ダイヤモンド社）
　著:ピーター・F・ドラッカー
・『ビジョナリー・カンパニー3 衰退の五段階』（日経BP）　著:ジム・コリンズ
・『ビジョナリー・カンパニー4 自分の意志で偉大になる 』（日経BP）
　著:ジム・コリンズ、モートン・ハンセン他
・『イノベーションの普及』（翔泳社）　著:エベレット・ロジャーズ
・『最適なキャリアデザインのための パーソナルSWOT』（マネジメント社）　著:嶋田利広
・『影響力の武器[第三版]: なぜ、人は動かされるのか』（誠信書房）
　著:ロバート・B・チャルディーニ

岡野武志（おかの　たけし）

弁護士、YouTuber。高校卒業後、渡米。10年間のフリーター生活を経て、28歳で司法試験に合格。司法修習を終了した翌日に、単身でアトム東京法律事務所を設立。現在、アトム法律事務所弁護士法人代表の他に、法律×ITのWebマーケティングを手掛けるレインメーカー株式会社代表取締役社長を務める。多くのテレビドラマの法律監修や情報番組のコメンテーターを担当するなどマルチに活躍。法律をテーマにした動画配信でYouTuberとしても高い人気を誇り、チャンネル登録者数は75万人（2021年11月1日現在）を超えている。第二東京弁護士会に所属。

- YouTube　岡野タケシ弁護士【アトム法律事務所】
- TikTok　@takeshibengo
- Twitter　@takeshibengo
- Instagram　@takeshibengo

人《じん》生《せい》逆《ぎゃく》転《てん》最《さい》強《きょう》メソッド
書《か》き込《こ》みワークで即《そく》体《たい》感《かん》。やるべき「目《もく》標《ひょう》」が見《み》えてくる

2021年11月26日　初版発行

著者　岡《おか》野《の》武《たけ》志《し》
発行者　青柳昌行
発行　株式会社KADOKAWA
〒102-8177　東京都千代田区富士見2-13-3
電話　0570-002-301（ナビダイヤル）
印刷所　大日本印刷株式会社

■ お問い合わせ
https://www.kadokawa.co.jp/（「お問い合わせ」へお進みください）
※内容によっては、お答えできない場合があります。
※サポートは日本国内のみとさせていただきます。
※Japanese text only
定価はカバーに表示してあります。

ISBN978-4-04-605496-8 C0030